交通运输经济与决策研究

徐纪刚　李庆华　刘　静◎著

线装書局

图书在版编目（CIP）数据

交通运输经济与决策研究/徐纪刚，李庆华，刘静
著.--北京：线装书局，2024.1
ISBN 978-7-5120-5842-2

Ⅰ.①交… Ⅱ.①徐… ②李… ③刘… Ⅲ.①交通运
输经济－经济决策－研究 Ⅳ.①F5

中国国家版本馆 CIP 数据核字(2024)第 034545 号

交通运输经济与决策研究
JIAOTONG YUNSHU JINGJI YU JUECE YANJIU

作　　者：徐纪刚　李庆华　刘　静
责任编辑：林　菲
出版发行：线装書局
　　　　　地　址：北京市丰台区方庄日月天地大厦 B 座 17 层（100078）
　　　　　电　话：010-58077126（发行部）010-58076938（总编室）
　　　　　网　址：www.zgxzsj.com
经　　销：新华书店
印　　制：北京四海锦诚印刷技术有限公司
开　　本：787mm×1092mm　1/16
印　　张：12
字　　数：220千字
版　　次：2024年1月第1版第1次印刷
定　　价：78.00 元

线装书局官方微信

前　　言

　　现阶段我国经济发展韧性持续显现，在我国市场经济组成中，交通运输经济占据着重要的位置，也是社会经济的重要组成部分。交通运输行业的发展带动了区域经济的发展，对交通运输体系的要求也越来越高。这就需要交通运输经济能够顺应时代的发展，并为社会经济的繁荣注入动力和活力。交通运输部门应与时俱进深入推进经济体制改革，完善运输经济体制的内在要求，为社会经济的发展提供强有力的保障，促进我国社会主义市场经济体制健康发展。

　　交通运输经济作为市场经济的重要组成部分，其发挥的作用是不可忽略的，建立一套科学完善的交通运输体系，能为经济目标的发展提供保障。交通运输经济的发展能够有效推动地区之间教育、文化、医疗、投资等多种资源快速流通，对协调我国经济杠杆具有显著的功能和作用，对我国交通运输经济存在的问题与现状和未来的发展方向具有十分重要的经济价值和发展意义。交通运输经济的发展是我国社会经济进步的动力，不仅壮大了我国市场经济的力量，也为我国居民快速出行提供了条件，构成了我国交通网络的核心，促进了我国不同城市与不同地区之间的交流与融合。

　　本书主要围绕经济学原理在交通运输领域的应用，以及交通运输决策方面的问题展开论述。探讨了交通运输业的基础理论、交通运输与经济发展以及交通运输经济学的概念与研究对象；然后分析了运输市场的运输服务的定价、运输市场结构、运输市场中的交易成本，研究了运输成本、运输价格、运输与管制；讲述了物流运输方式及业务与物流运输决策；交通系统决策分析与评价；对交通系统决策进行分析与评价。本书可作为交通运输等相关专业教学参考书，也可供相关从业者参考使用。

　　由于成书仓促，书中难免有不足之处，敬请广大读者朋友积极批评指正。

目　　录

第一章　交通运输经济概论

第一节　交通运输业的基础理论

一、运输的定义

"运输"一词在日常生活、专业领域等方面应用十分广泛。运输是人和物的载运和输送，即运输是借助于一定运力实现人和物进行空间位移的一种经济活动和社会活动。

运输是人类社会的基本活动之一，是每个人生活中的重要组成部分，也是现代社会经济活动中不可缺少的重要内容。人类社会由散乱走向有序，由落后迈向文明，运输发挥了不可估量的重要作用。运输已经渗透到人类社会生活的各个方面，并且成为最受关注的社会经济活动之一。

人类社会发展史中的每一个重要进程或重要事件，几乎都与运输有关。中国古老灿烂的文化与黄河、长江密切相连，水上运输为黄河、长江两岸的经济发展和文化传播奠定了最重要的物质基础。丝绸之路是古老的中国走向世界的一条漫漫长路，它传播了不同国家和地区的商品及文化，成为沟通中国与西方各国的一条重要的纽带。古埃及的强大与尼罗河息息相关，是尼罗河把整个埃及连在一起，为它在商品运输、信息交流、文化传播方面提供了极大方便。世界奇观金字塔的修建，离开了运输是不可想象的。

机械运输业的出现，对经济发展和社会进步产生了更大的影响。

二、运输业的形成

运输业是商品经济发展的产物。从整个人类社会看，运输劳动从生产过程中分离，到形成一个独立的产业部门，经历了漫长的历史过程。运输业的形成与商品生产、商品流通的发展密切相关。流通领域中的运输需求直接来源于商品交换的需要，商品交换与商品运输互为条件，相辅相成。商品交换规模和范围的扩大，引起运输规模和范围的扩大，客观上要求运输劳动独立化、专门化和社会化。在人类社会的发展中，第一次社会大分工——畜牧业同农业的分离，使商品交换成为可能。手工业同农业分离是第二次社会大分工，出现了直接以交换为目的的商品生产。第三次社会大分工，出现了专门从事商品交换的商人，使商品经济进一步发展，商品交换的规模有所扩大。然而，在以后人类社会的长期发展中，居于统治地位的是自给自足的自然经济，商品经济发展缓慢，商品交换的规模和范围都受到限制。起初，由商品交换而产生的运输活动是由商品生产者自己完成的，是为交换而运输的。其后，运输活动与商业活动结合在一起，商人主要从事商业而兼搞运输，运输成为实现商品交换的辅助手段，具有明显的依附性质。在我国，起源于秦朝的漕运，是大宗粮食长途水上专业运输，是很特殊的独立的官办运输形式。在封建社会中虽曾出现过船帮、车行，但均是零星和分散的。然而，流通过程中的运输活动从商业中分离出来，并形成独立的产业部门，却是生产力、商品经济发展到一定阶段的产物。这个过程，从世界范围看，大体上是在封建社会解体、资本主义产生的时期完成的。

三、运输业的性质

运输业属于第三产业，主要有四种性质。

物质生产性。运输生产活动是运输生产者使用劳动工具作用于劳动对象，改变劳动对象空间位置的过程。实现劳动对象的空间位移成为运输的基本效用和功能，通过改变劳动对象的空间位置，其价值和使用价值发生了变化。

公共服务性。运输业尤其是运输基础设施，必须以服务作为前提向全社会提供运输产品，必须公平地为社会所有成员服务，不能单纯或过分突出以最大盈利为根本目标。

政府干预性。由于运输业公共安全性的特点而导致政府对运输业的运价、运输工具、运输范围等进行高度管制，世界各国大多如此。政府的干预应尽量避免对运输均衡产生干扰，而影响市场机制的作用。

系统性。在经济、贸易、金融等全球化的今天，交通的全球化首当其冲，而且是一切全球化的载体之一。系统性不仅要求国内的运输网成为一个大系统，而且要求与国际运输网交接，运输经济学称之为"空间效用"。

四、运输业的经济特征

运输业与一般的工业部门相比较具有明显的特征，主要表现在以下几个方面：

（一）运输业生产的是无形产品，不能储存也不能转移

运输生产过程的效用，是于安全、无损条件下改变旅客或待运产品的空间位置。由这一特征所决定，在运输过程中对质量要求显得异常重要和突出，在客货运输中，必须贯彻"安全第一、质量第一"的方针，确保旅客的人身安全和货物、行包的完好无损。由于运输劳动是空间位置的变化，所以运输过程基本是在自然条件中进行，受自然环境影响很大，其设备、场所、人员流动分散，点多面广，经营管理不同于其他工农业生产部门。

（二）运输生产具有时间和空间上的不可替代性

运输生产过程和消费过程是同时进行的。该特点决定了运输生产只能在生产过程中被消费，运输生产越多，消费就越多。一个地区一段时间内多余的运力，不能补充另一地区在某段时期内运输能力的不足。如果运输需求不足，运输供给就应相应减少，否则就会造成严重的浪费。科学的综合运输规划是指导运输生产的重要依据，为此必须加强运输的科学预测和运量调查。

（三）运输是国民经济的基础结构

运输是国民经济的基础结构，是扩大再生产的最重要条件之一，运输规模是社会经济的基本比例之一。

某种运输方式一旦建成，就会产生交通（运输）效应。交通（运输）效应是指交通行为作用于社会和国民经济各部门所产生的社会经济变化。它包括物质传输效应、集聚诱发效应、时空效应、经济连锁循环效应和社会（国家）管理效应，即引起国民经济各部门生产要素的集聚，从而形成社会生产力；诱发潜在生产能力的发挥，扩大社会再生产；实现国民经济各部门的商品生产和交换，完成其再生产过程；缩小地域空间；相对延长工作和休息时间；增加社会再就业，产生生产和消费的经济连锁循环递增现象；实现社会（国家）的行政管理和巩固国防；促进信息传递、文化交流和人员往来等，从而为整个社会经济的发展奠定基础。

商品经济越发达，生产对流通的依赖性越大，运输行业的作用也越突出，应优先超前发展。在国家工业化初级阶段，单位产值要求的运输量大，大宗、长距离的原料、燃料和半成品运输构成了货运的主体，此时期铁路的较大发展不可避免。

国民经济的比例关系。比较传统的内容是积累和消费的比例，农业、轻工业和重工业

的比例等，而很少研究和确认交通运输与社会经济发展的比例关系。一个合理的产业结构或社会生产结构，在多大规模上用多少资源去实现人和物的空间位移，应当是社会生产结构研究的主要内容之一，如果忽视这种研究，必然导致交通运输与国民经济的比例失调，必然制约我国国民经济发展的规模和速度。交通运输与社会经济发展的比例关系，应当是社会生产结构的基本比例关系之一。

（四）运输生产既创造价值，也创造使用价值

在理论上，对于运输业不仅要强调它的物质生产属性，还应重视它的服务属性及国防功能。运输产品的非实体性和非储备性，使得运输业为社会提供的不是新的物质产品，而是在物质商品的使用价值上并不留下任何可见痕迹的"效用"，这种效用既可供个人消费，又可以将其追加价值转移到商品本身上去，促使物质使用价值的形成以及新环境中使用价值的实现。

五、运输的基本原理

（一）规模经济

规模经济的特点是装运规模的增长使单位的运输成本下降。运输规模经济之所以存在，是因为有关的固定费用可以按整批货物的重量分担。有关的固定费用包括运输订单的行政管理费用、运输工具投资以及装卸费用等。规模经济使得货物的批量运输显得合理。

（二）距离经济

距离经济的特点是每单位距离的运输成本随运输距离的增加而减少。距离经济的合理性类似于规模经济，尤其体现在运输装卸费用的分摊上。距离越长，可使固定费用分摊后的值越小，导致每单位距离支付的总费用小。

（三）运输作业的关键因素

从企业物流管理的角度来说，成本、速度和一致性是运输作业的三个至关重要的因素。

运输成本。运输成本是指为两个地理位置间的运输所支付的款项以及管理和维持转移中存货的有关费用。物流系统的设计应该利用能把系统总成本降低到最低限度的运输，这

意味着最低费用的运输并不一定导致最低的物流总成本。

运输速度。运输速度是指为完成特定的运输作业所花费的时间。运输速度和成本的关系，主要表现在两个方面：首先，运输商提供的服务越是快速，他实际需要收取的费用也就越高。其次，运输服务越快，转移中的存货就越少，可利用的运输间隔时间越短。在选择最合理的运输方式时，至关重要的问题就是如何平衡其服务的速度和成本。

运输的一致性。运输的一致性是指在若干次装运中履行某一特定的运输所需的时间与原定时间或与前几次运输所需时间的一致性。运输一致性是运输可靠性的反映。多年来，运输经理已把一致性看作高质量运输的最重要特征。运输的一致性会影响买卖双方承担的存货义务和有关风险。

六、运输的作用

（一）运输有利于开拓市场

早期的商品交易往往被选择在人口相对密集、交通比较便利的地方。在依靠人力和畜力进行运输的年代，市场位置的确定在很大程度上受人和货物可及性的影响。一般来说，交通相对便利、人和货物比较容易到达的地方会被视为较好的商品交换场所。久而久之，这个地方就会变成一个相对固定的市场。当市场交换达到一定规模后，人们就会对相关的运输条件进行改进，运输费用将不断降低。运输费用降低，会使得市场的吸引力范围扩大，由此，运输系统的改善既扩大了市场区域范围，又加大了市场本身的交换规模，运输经济学称之为"空间效用"。

运输在开拓市场过程中不仅能创造出明显的"空间效用"，也具有明显的"空间效用"。高效率的运输能够保证商品在市场需要的时间内适时运到，从而创造出一种"空间效用"，繁荣市场。按照拉德纳定律，潜在的市场范围的扩大为运距或速度扩大倍数的平方。

（二）运输有利于刺激市场竞争

运输费用是所有商品市场价格的重要组成部分，商品市场价格的高低在很大程度上取决于它所含运输费用的多少。运输系统的改革和运输效率的提高，有利于降低运输费用，从而降低商品价格。运输费用的降低可以使更多的产品生产者进入市场参与竞争，也可以使消费者得到竞争带来的好处。另外，运输与土地运用和土地价格之间存在密切的关系。

运输条件的改善可以使运输延伸到的地区的土地价格增值，从而促进该地区的市场繁荣和经济发展。

（三）运输有利于资源优化配置

根据比较优势原则，运输能够促进生产劳动的地区分工，促使资源在各地区间优化配置。在劳动的地区分工出现后，市场专业化的趋势也会逐渐显露，这就使某一个地区的市场在产品的销售上更加集中在某一类或某几类产品上。市场专业化将大大减少买卖双方在收集信息、管理等方面的成本支出，减少市场交易费用。

七、运输在物流中的地位

运输是物流的支柱。物流过程中的其他各项活动，诸如包装、装卸搬运、物流信息情报等，都是围绕着运输而进行的。运输是物流过程中各项业务活动的中心活动。可以说，在科学技术不断进步、生产的社会化和专业化程度不断提高的今天，一切物质产品的生产和消费都离不开运输。物流合理化，在很大的程度上取决于运输的合理化问题。在物流过程的各项业务活动中，运输是关键，起着举足轻重的作用。

在物流过程中，直接耗费劳动和物化劳动等这些劳动的综合称为物流总成本。物流总成本主要由运输成本、保管成本和管理成本构成。其中，运输成本所占的比重最大，是影响物流成本的一项重要因素。在物流各环节中，如何搞好运输工作，开展合理运输，不仅关系到物流时间占用的多少，而且会影响到物流费用的高低。不断降低物流运输成本，对于提高物流经济效益和社会效益，都起着重要的作用。所谓物流的"第三个利润的源泉"，其意义也在于此。

八、运输决策的参与者

运输决策的参与者除了托运人（起始地）、收货人（目的地）和承运人以外，还有政府与公众。

（一）托运人与收货人

托运人和收货人关心的是在规定的时间内以最低的成本将货物安全地从起始地转移到目的地。运输服务中应包括具体的提取货物和交付货物的时间、预计转移的时间、签发单证等。

（二）承运人

承运人作为中间人，其目的与托运人和收货人有所区别，他期望以最低的成本完成所需的运输任务，同时获得最大的运输收入。这种观念表明，承运人想要按托运人愿意支付的最高费率收取运费，使转移货物所需要的劳动、燃料和运输工具成本最低。要实现这一目标，承运人就得在提取和交付时间上有灵活性，以便于能够使个别的装运整合成经济运输批量。

（三）政府

由于运输对经济的影响，所以政府要维持交易中的高利率水平。政府期望一种稳定而有效率的运输环境，以使经济能够持续增长。运输能够使产品有效地转移到全国各市场中去，并促使产品按合理的成本获得。

稳定而有效率的商品经济需要承运人提供有竞争力的服务，同时有利可图。与其他商品企业相比，许多政府更多地干预了承运人的活动，这种干预往往采取规章、促使或拥有等形式。政府通过限制承运人所能服务的市场或确定他们所能采取的价格来规范他们的行为；政府通过支持研究开发或提供诸如公路或航空交通控制系统之类的通行权来激发承运人的积极性。在西方一些发达国家，某些承运人为政府所拥有，政府对市场、服务和费率保持绝对的控制，这种控制权使政府对地区、行业或厂商的经济成功具有举足轻重的影响。

（四）公众

公众是最后的参与者，关注运输的可达性、费用和效果以及环境和安全上的标准。公众通过合理价格产生的对周围的商品需求最终确定运输需求。尽管最大限度地降低成本对于消费者来说是重要的，但与环境和安全标准有关的交易代价也需要加以考虑。既然要把降低环境风险或运输工具事故的成本转嫁到消费者身上，那么他们必然会共同参与对运输的安全感做出判断。

显然，由于各方之间的相互作用，使得运输关系很复杂，而这种复杂性会导致托运人、收货人和承运人之间频繁的冲突。

第二节　交通运输与经济发展

一、运输业的一般意义与影响

运输业负责完成社会经济生活中人与货物的空间位移，它具有多方面的意义和影响。空间位移量的增加与人类自身的完善和成熟，与经济水平及生活质量的提高过程是一致的。交通运输的发展促进了不同地区之间人员和物质的流动，有助于促进在语言、观念、习俗等方面差异很大的各民族打破各自的隔绝状态，进行文化意识交流，从而鼓励在饮食、卫生、教育、艺术、科技和一般生活方式上的互相交融，推进社会进步。

在政治方面，良好的交通运输条件使广阔地理区域上的政治统一成为可能。人类始终在不遗余力地扩大、提高和完善在空间位移方面的本领，人与货物空间位移的水平一向反映着人类克服自然阻力的能力。交通运输有力地推动了技术进步，在不断提高人与物位移能力的斗争中，运输进一步联系和代表着未来的各种新技术、新能源、新材料。有人总结说，历史上任何具有革命性的现代运输技术，都是依靠世界上最强大的经济力量支持才出现的。现代科技的大量成果都被很快地应用到交通运输领域，人类文明的成果一次又一次体现在交通运输上。

运输还是国防和战争的重要因素，无论是古代还是现代，运送部队和装备的能力都是决定战争胜负的基本条件之一。在今天的国际条件下，这种能力更是与各国的工业、经济和国防力量结合在一起，在国际对抗中起着越来越重要的作用。

二、交通运输业在国民经济中的地位

（一）运输是再生产过程中的必要条件和社会生产力的组成部分

生产领域中的生产性运输活动，是生产过程的重要组成部分。物质生产领域中的生产性运输活动，工厂内通过汽车、专用铁路及其他运输设备，使生产过程中的原材料、半成品和在制品的位置移动就是生产得以进行的重要条件和环节。至于某些生产部门如煤炭、石油等部门，其生产活动在很大程度上就是运输活动。如果没有这些运输活动，工农业生产活动就无法进行。

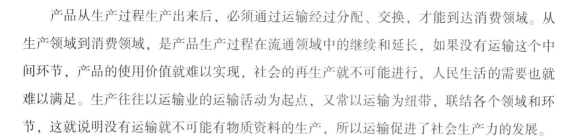

产品从生产过程生产出来后，必须通过运输经过分配、交换，才能到达消费领域。从生产领域到消费领域，是产品生产过程在流通领域中的继续和延长，如果没有运输这个中间环节，产品的使用价值就难以实现，社会的再生产就不可能进行，人民生活的需要也就难以满足。生产往往以运输业的运输活动为起点，又常以运输为纽带，联结各个领域和环节，这就说明没有运输就不可能有物质资料的生产，所以运输促进了社会生产力的发展。

（二）运输保证了社会产品提供并创造了国民收入

运输虽不能创造新物质产品，不增加社会产品的总量，却是社会产品生产过程中所必需的生产劳动。属于生产过程的运输，如运输工人、运输设备直接参与物质产品的创造过程；属于流通过程的运输，则是一个必要的追加的生产过程。一方面，产品经过运输虽然其使用价值没有发生任何变化，但由于运输过程中消耗的生产资料价值及运输职工新创造的价值追加到产品的价值中去，就使产品的价值量增加了；另一方面，如果没有运输，产品的使用价值就难以实现，运输保证了社会产品提供并参与了国民收入的创造。

（三）运输确保了社会正常的生活和工作秩序

运输活动是社会赖以存在和发展的必要条件之一，特别是随着现代化社会经济的发展，如果没有相应发展的运输业，社会生产活动就无法进行，人们的正常工作和生活也会受到严重影响。现代社会的四个流动——人流、物流、资金流和信息流是社会运转所必需的，其中人流、物流直接由运输业完成。

虽然现代化的信息流由于通信设备的不断更新与完善，对运输部门的依赖程度已明显下降，但大量的信息载体，如信函、报刊和其他印刷品，仍需要由运输部门承运。可见交通运输在确保社会正常的生活和工作秩序等方面起着十分重要的作用。

（四）运输占用和耗费了大量的社会资源

运输业不但占用了大量的社会劳动力，而且消耗了大量的社会资源，运输费用在生产费用中占有很大比重。运输业的发展，有赖于国民经济其他部门的发展，反过来又促进其他部门的发展。

三、交通运输业对国民经济的作用

(一) 促进工农业生产和整个国民经济的健康发展

运输业作为社会生产的必要条件，是保证国民经济建设正常进行的重要环节。在某种情况下，没有运输就不能进行生产活动。尤其是随着现代化大生产的发展，生产专业化与协作加强，各地区之间的经济联系更加广泛和密切，这就更需要按时将原料、燃料和半成品运往工厂，将化肥、农药等运送到农村，把成品及时送入消费地，以保证整个国民经济正常运转。

对于工农业生产部门来说，运输速度加快，运输效率提高，运输质量越好，运输成本越低，就越能缩短商品在途时间，加快流动资金周转，降低商品流通费用，从而促进经济的发展。

此外，运输有助于新资源的开发，促进落后地区经济发展，并能扩大原料供应范围和销售市场，最终促进社会生产力的发展。

(二) 推动了生产力的合理布局，有利于提高全社会的经济效益

国家和地区的工业布局，首先要考虑原材料运进和产品运出方面所具备的交通条件。采掘工业和加工工业的布局安排是否合理，同样要分析交通条件如何，没有现代化的运输或运力不足，新的大型资源的经济开发是不可能的。运输在一定程度上能够促进生产力的合理布局。

(三) 加强了各国之间政治、经济及文化等方面的交流

现代的交通网络，可把全国及我国与世界各地联成一个有机的整体，加强了各国之间政治、经济、文化的交流往来，在满足人们旅游和物质文化生活方面起到了重要的作用。

就我国经济而言，经济发展不是仅指沿海几个经济特区或发达省份的发展，不是仅指东部狭长地带的发展，也不是仅指几亿城镇居民的居住地的发展，而是应该包括全体农民在内的全国各族人民的整体物质生活与文化生活的共同发展。我国中西部的广大地区，至今还是经济欠发达地区，在一定的时间内，要使这些地区有大的改观，只靠中央政府扶持是不行的，而必须完善它们的"造血"机能，交通运输业是其"造血"所必需的机能之一。经济欠发达的地区常以交通困难或交通欠发达为特征。如果充分利用现代运输手段，

可明显加快其经济的发展。

（四）扩大了对外贸易，密切同世界各国的关系

现代社会，再也不能是"自产自销"的小商品生产社会，必须将门户向世界开放，有无完善的交通系统，是门户能否真正打开的关键。第二次世界大战后的欧洲各国为了复兴欧洲，十分注意欧洲统一运输网的建设，经过几十年的努力，已经统一了欧洲的航道标准；四通八达的欧洲大陆公路运输网更是在战后欧洲的联合和经济振兴中起到了积极作用。改革开放以来，我国高度注重引进与利用外资兴建与完善我国的交通基础设施，随着对外开放政策的实行，以及我国国际事务活动范围的扩大，我国同世界各国在政治、经济、文化方面的交流日益频繁，关系逐步地密切起来，运输业的作用势必日益增强。

当今世界正发生复杂深刻的变化，国际金融危机深层次影响继续显现，世界经济缓慢复苏、发展分化，国际投资贸易格局和多边投资贸易规则酝酿深刻调整，各国面临的发展问题依然严峻。共建"一带一路"顺应世界多极化、经济全球化、文化多样化、社会信息化的潮流，秉持开放的区域合作精神，致力于维护全球自由贸易体系和开放型世界经济。共建"一带一路"旨在促进经济要素有序自由流动、资源高效配置和市场深度融合，推动沿线各国实现经济政策协调，开展更大范围、更高水平、更深层次的区域合作，共同打造开放、包容、均衡、普惠的区域经济合作架构。共建"一带一路"符合国际社会的根本利益，彰显人类社会共同理想和美好追求，是国际合作以及全球治理新模式的积极探索，将为世界和平发展增添新的正能量。

（五）增强了国家的国防实力

战时，无论武器装备何等精良，若不及时送到前线，都不可能发挥应有的作用。运输线路的通车程度，特别是铁路和汽车运输能力的大小对国防力量的加强至关重要。运输业平时确保社会经济的发展，战时则可用于国防的需要，充分保障兵力的调集，武器、弹药和给养方面的后勤支持。

（六）对区域经济发展的推动作用

交通项目的通车运营，改善了区域内及区域间的运输条件，区域社会发展的空间结构趋于更加合理，从而对区域社会发展的各个方面产生了综合影响。

人类的各种经济活动都是在一定的空间内进行的。社会经济空间是社会经济活动中物

质、能量、信息的数量及行为在地理范畴中的广延性存在形式，即其形态、功能、关系和过程的分布方式和分布格局同时在有限时段内的状态。社会经济活动的空间结构，是一定区域范围内社会经济各组成部分的空间位置关系以及反映这种关系的空间集聚程度和规模。从区域开发与区域发展的大量实例中可以看出，空间结构在区域经济社会发展中的影响是非常突出的，是区域发展状态本质反映的一个重要方面，是从空间分布、空间组织的角度考察、辨认区域发展状态和区域社会经济有机体的罗盘。

区域经济学中的空间决定论认为，要使一个区域获得大规模开发和迅速发展，必须首先发展交通和通信网，即空间——距离可达性对区域经济发展具有先决性。这一理论明确指出交通基础设施在区域经济发展中所具有的重要地位。交通基础设施的影响和作用可以进一步通过区域科学中的引力模型来解释：交通设施的便利降低了两地之间往来的运输成本，从而提高了区域内潜在目的地的空间可达性，促进了区域内各种社会经济活动在空间中的相互作用。当一个区域具备这种区位优势时，就会产生一种引力，有可能把相关企业和生产力要素吸引过来，在利益原则的驱动下，形成产业布局上的相对集中和聚集，从而促成该地区经济的发展。这种引力就称为区位优势。

交通运输普遍存在于人类的社会经济活动中，它为经济活动提供空间联系的环境，区域社会经济系统中经济要素的排布、经济活动的空间格局和基本联系，首先要依靠交通运输，以运输网为基础形成经济活动的地域组织。运输网的不断加强、扩展和综合化，加上其他方面的基础设施，再加上商业关系、金融关系和企业之间的分工协作及集团化联系等，就构成了现代经济空间结构变化的基础。交通运输是社会经济空间形态形成和演变的主要条件之一。在经济生活的一切创造革新中，运输工具的革新在促进经济活动和改变工业布局方面，具有最普遍的影响力。

交通运输对区域经济社会发展的巨大作用在于：通过提高区域的空间可达性，可以改善区域社会经济空间结构的合理性，增强区域内部以及区域之间社会经济的有机联系，促进区域社会经济的协调发展。现代经济发展的历程也表明，从空间分布的角度看，现代经济的发展总是首先在运输资源相对丰富的地区或区域形成增长极。经济增长极之间通常存在较强的相互作用，并在它们之间形成"经济场"，从而对它们之间的地区和其他地区产生经济极化作用，带动整个经济更有效与更有序地发展。

四、交通建设项目对宏观经济增长的影响

投资与经济增长之间存在着一种相互促进、相互制约的密切关系。一方面，经济增长

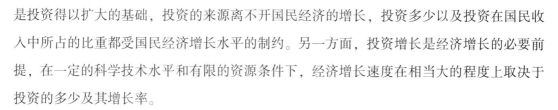

是投资得以扩大的基础，投资的来源离不开国民经济的增长，投资多少以及投资在国民收入中所占的比重都受国民经济增长水平的制约。另一方面，投资增长是经济增长的必要前提，在一定的科学技术水平和有限的资源条件下，经济增长速度在相当大的程度上取决于投资的多少及其增长率。

投资通过其需求效应来拉动经济增长，在投资生产活动中需要直接和间接消耗各个部门的产品，使投资需求增加，并且在投资生产活动中因国民收入增加还将引起消费或股份需求的不断增加，这就导致最终需求的增加，引起对经济的拉动作用。投资又通过其供给效应来推动经济增长，所谓投资供给，是指交付使用的固定资产，既包括生产性固定资产，又包括非生产性固定资产。生产性固定资产的交付使用，直接为社会再生产注入新的生产要素，增加生产资料供给，为扩大再生产提供物质条件，直接促进国民经济的增长；非生产性固定资产则主要通过为劳动者提供各种服务和福利设施，间接促进经济增长。

投资具有创造需求和创造供给的双重功能。从这个角度考察，高速公路项目对国民经济的拉动作用大体上可以分为两个部分，一部分是需求效应，指公路投资活动本身对增加国内生产总值、扩大有效需求、拉动经济增长的作用；另一部分是供给效应，指公路建成通车后，由于通行能力增加和行车条件改善，带来运输费用降低、客货在途时间节约、交通事故减少等由公路使用者直接获得的经济效益，特别是推动公路运输业发展、提高综合交通运输体系效率，以及因区域交通条件改善和区位优势增加，通过不同途径对区域内社会发展产生的促进作用。后者较前者来讲，对经济发展的促进作用更大，持续时间更长，涉及范围更广。

交通运输基础设施建设投资对国民经济的拉动作用首先表现在它对 GDP 的计算产生了很大的影响。在我国，计算 GDP 一般采用支出法和收入法。根据支出法计算 GDP 时，包括一定时期内最终由居民消费、政府支出所购买及使用的产品和劳务价值额、企业投资所形成的资本形成额及净出口。交通运输基础设施属于社会基础设施，也即属于最终产品，应计入 GDP 中。根据收入法计算 GDP 时，包括各生产要素的收入总和，即为生产最终产品而需要的一切生产阶段上的增加值之和。基础设施建设过程本身会产生工资、利润、折旧和税金等增加值，并要消耗大量的水泥、钢材、木材等物品，这些中间消耗品的生产企业在为基础设施建设进行生产的过程中也创造了一定数量的增加值。生产水泥、钢材、木材等的企业在生产过程中同样要消耗矿石、电力等中间物品，这些物品的生产企业在生产过程中同样创造出一定数量的增加值，如此循环，直至最终产品的生产出来。这一切生产过程中产生的增加值之和正好等于基础设施建设支出总额，应计入 GDP 中。无论是用支出法还是收入法计算 GDP，交通运输基础设施建设投资都会使 GDP 增长。

交通运输基础设施建设具有投资密集和劳动力密集的特点，对其增加投入，可以带动钢铁、建材、机械制造、电子设备和能源工业等一大批相关产业的发展，并可以吸纳大量劳动力。铁路、公路、车站、港口、航道等基础设施的建设会带动建筑业的兴盛；交通运输基础设施的建设会刺激对交通运输工具的需求，从而推动汽车工业、船舶工业、机车工业、航空工业等机械制造业的发展；铁轨、管道和汽车、飞机、轮船等交通运输工具对金属的大量消耗会促进采矿业和冶金工业的发展；交通运输工具对煤炭、石油等能源的大规模需求又能促进能源采掘业的发展。

大规模的交通运输基础设施建设不仅能有力带动一大批相关产业的发展，而且交通运输基础设施的改善和水平的提高又会刺激那些需要其提供产品和服务的企业和居民的消费，有效地刺激国内需求。

交通运输基础设施建设对交通项目投资将产生乘数效益。交通项目建设能够使所在地区增加就业人员，提高人民收入和生活水平。对交通项目建设的投资增加，会使 GDP 增加同等的数量，这也意味着居民、政府和企业会得到更多的收入。收入的增加会导致消费再支出，引致社会总需求和 GDP 的更大增加，这一系列的再支出无限持续下去，最终总和为一个有限的数量。此时，投资所引起的 GDP 增加量会大于投资本身的数量。这种现象被称为交通项目投资的乘数效应，由投资增加所引起的最终 GDP 增加的倍数被称为投资乘数。投资乘数说明了对交通项目投资将对国民经济产生影响，扩大企业的产出并提高利润水平，进而刺激消费增长，最终导致经济增长。

五、交通项目运营与微观经济的关系

交通项目的建成通车，产生了显著的直接经济效益，促进了运输业的发展，改善了综合运输结构。

(一) 产生了显著的直接经济效益

交通项目通车后，缓解了公路运输的紧张状况，改善了运输条件，产生了显著的直接经济效益。这些效益又称为使用者效益，主要包括：

①运输成本降低的效益。这部分效益是出于公路技术等级的提高，与以前的公路相

比，在保修费用、轮胎、燃料消耗等方面的成本节省效益。

②运输时间节约的效益。修建一条高等级公路代替相对等级较低的普通公路，可以大量节约旅客、货物和驾驶员的时间。利用有无分析法计算节约的时间，再利用机会成本测算时间节约的价值，就是运输时间节约的效益。

③提高交通安全的效益。这部分效益是指公路建成通车后，与旧日路相比较，由于交通安全事故减少而产生的效益。

④减少拥挤的效益。即该公路的建成通车使原有相关线路和设施的拥挤程度得到缓解而产生的效益。

（二）促进了公路运输业的发展

高速公路是国道主干线的重要组成部分，更是地区公路网的主骨架。为充分利用高速公路发展经济，沿线各地区加速了县乡路、机场路和疏港路与高速公路的沟通，促进了路网布局的完善以及公路等级和通行能力的提高，从而加快沿线地区公路运输的发展。这种发展表现在两方面：一方面是"量"的发展，即运输量的增长，以及公路运输行业的客运、货运、维修、搬运、运输服务五大分支行业产值的增加。另一方面是"质"的发展，当今世界，社会经济生活信息化和产品结构高技术化进程加快，竞争日益激烈，对运输服务的要求也越来越高。在发达国家，快运和物流业正是充分发挥了公路运输快速、方便、"门到门"的优势，适应了现代经济发展的客观要求，从而成为公路运输业发展的重点领域。我国经济持续健康发展，公路基础设施面貌日新月异，尤其是高速公路的迅速发展，为快速运输和物流业的发展提供了难得的发展机遇和良好的基础条件，只要运用得当，必将带来运输结构的改善，运输领域的拓展极大地提高了公路运输的服务质量。

（三）改善了综合运输结构

现代交通运输业包括铁路、公路、水运、航空、管道五种运输方式，各种运输方式之间存在着很大的互补性，在一定的条件下某些运输方式间也存在较强的竞争关系。各种运输方式之间的有序竞争会促进各自不断提高自身的服务水平，更好地满足社会需要，真正得到实惠的是社会公众。

我国交通运输体系长期以来处于以铁路为主体、公路为补充的状态，随着国民经济的发展和运输需求的变化，这种运输结构已显现出一系列问题。如铁路运输日趋紧张，运输能力无法满足不断增长的客货运输需求等。高速公路的迅速发展，使公路的大动脉作用日益明显，改变了以往公路运输在综合运输体系中只具有短途、零散、中转接卸功能的附属地位，开始在现代化高起点上与其他运输方式相匹配。在综合运输体系中，公路运输完成的客货运周转量占各种运输方式的比重明显上升。

近年来，我国铁路持续实施提速战略，不断完善线路条件，发展新型列车，采取优化运输产品结构，提高服务质量等措施，开创了铁路新风，备受社会瞩目，这正是随着高速公路的发展，各种运输方式相互竞争、相互促进的直接结果。

中国高铁作为全球领先的高速铁路系统之一，其未来发展方向备受瞩目。随着技术的不断进步和需求的不断增长，中国高铁将继续朝着以下几个方面发展。

第一，中国高铁将致力于进一步提升列车速度和技术水平。当前中国高铁的商业运营速度已达到350公里/小时，但一些国家正在开发更快的列车，例如日本的"磁浮列车"和美国的"超级高铁"。为了保持竞争优势，中国高铁将加大研发力度，推动列车速度的提升，预计最终将实现时速超过400公里/小时的新突破。此外，中国高铁还将进一步改善列车的舒适性和安全性，通过引入新的材料和设计理念，提高乘客的出行体验。

第二，中国高铁将进一步扩大网络覆盖范围。目前，中国高铁已形成了较为完善的网络，连接了全国各大城市和经济重点区域。未来，中国高铁将加快推进"四纵四横"的高铁网建设，进一步加强东西和南北方向的高铁连通。此外，中国还将加强与周边国家的高铁连接，实现与亚洲、欧洲等地区的高铁联通。通过扩大网络覆盖范围，中国高铁将进一步提升区域间的交通便利性，促进经济一体化和人员流动。

第三，中国高铁将加强智能化和数字化管理。随着技术的不断发展，人工智能、大数据和物联网等新兴技术将得到广泛应用于高铁运营管理中。中国高铁将推进列车自动驾驶、智能调度、故障预警等技术的研发和应用，提高高铁系统的自主化程度和运行效率。同时，高铁将进一步推动电子支付、在线购票和移动端服务等便捷功能的发展，满足乘客个性化需求。

第四，中国高铁将注重可持续发展和环保问题。随着全球对气候变化和环境污染的关注增加，中国高铁将在减少碳排放和资源消耗方面做出更多努力。例如，高铁将继续探索利用可再生能源和能效技术，减少对传统能源的依赖。同时，高铁将进一步加强环境保护措施，降低噪音和震动对周边环境和居民的影响。

最后，中国高铁还将注重国际合作和市场开拓。中国高铁已经在海外推动了一系列合

作项目，包括与其他国家共同建设高铁线路和出口高铁技术。未来，中国高铁将继续与其他国家分享技术和经验，深化国际合作，推动全球高铁技术的发展。同时，中国高铁还将积极参与国际标准制定和规则制定，推动高铁产业更加开放和规范化。

第三节　运输经济学简述

一、运输经济学概述

（一）运输与经济学

运输，指的是人或者货物通过运输工具经由运输网络，由甲地移动至乙地，完成某个经济目的的行为。简单地讲，运输是在一定范围内人与物的空间位移。需要说明的是，国民经济与社会生活中发生的人与物体在空间位置上的移动几乎无所不在，但并不是所有的人与物的位移都属于运输经济学探讨的范畴。经济活动引起的物质移动有很多，除了一般了解的货物运输，还有输电、输水、供暖、供气、电信传输等等。这些物质移动也产生物质位移，在一定意义上说与货物的移动并没有什么本质上的太大区别，而且其中有一些也确实就是从货物运输中逐渐分离出来的。但是，由于输电、输水、供暖、供气和电信传输都已各自拥有独立于交通运输体系的传输系统，它们完成的物质位移不再依赖于人们一般所承认的交通运输工具，因此这些形式的物质位移不包括在运输领域中。

在自然经济社会中，生产、生活所需要聚集的必要要素种类少。因此，物质、能量、信息的流通域小，且在大地域范围内的流通频度也很低，只在一窄小范围之中相对较高，所以在这种社会中经济是以"板块割据"的形态出现。由于自然经济社会生产产品的单调而导致各经济板块具有同质性，经济的同质性则使其流通领域中的流通频率低，强度小，这时的运输并非现代意义上的一种产业。因此，有学者认为，包括运输经济学在内的任何一种经济学都是资本主义生产方式的产物。而只有当流通的涉及面广、强度大、方向复杂、频繁重复时，研究其有效性才有重大的社会意义或价值。也正因为研究意义重大，因而才促使其研究内容成为一门经济学科。到了资本主义社会，实现了社会化的大生产后，创造出了与过去无与伦比的空前的生产力。这种空前的生产力的获得来自社会化大生产中的规模经济，实现规模经济的理论方法是实施生产高度分工，具体操作方法就是集中化、同步化和标准化地进行生产。同时，与这种生产方式同构生成了地点相对集中（主要在城市）、不断重复、高强度的货流、客流，这些货流、客流则使得运输成为一种产业。产业的运作要求是要使资源得到有效的配置，这正是经济研究中的本原问题。因此资本主义生产方式是包括运输经济在内的各种产业经济学产生的根据，要注意之处的是由此引出各种经济学的产生不一定是同期的，而是有先有后，其中通常是先"一般"后"专门"。因为"专门"的经济学理论是要有"一般"经济学理论作基础的。所以运输经济学产生的必要条件有两个：一是运输产业的存在；一是有普适的经济学作基础。

（二）运输经济学的定位

运输经济学是应用经济学的一个分支，它是以经济学的理论和分析方法，探讨与运输有关的各种经济问题的一门学科。

根据研究对象的不同，与运输经济有关的学科，大致可划分为运输经济学、运输地理学、运输规划学、运输工程学、运输组织学和运输管理学这样几个领域。这几个领域之间相互联系和交叉，有时候不容易分得很清楚。一般来说，运输经济学抽象和研究的是运输需求、运输供给以及运输市场中的种种经济规律。而对于地理学家来说，运输的重要性在于它是影响经济与社会活动分布的主要因素之一，所以运输地理学研究的是运输网空间结构的变化及其与其他地理要素的相互作用关系。运输规划学主要研究运输业发展中运输设施建设的布局、规划原则、规划方法以及如何确定具体的运输项目。运输工程学主要解决具体工程的设计、施工问题和工程中如何提高管理水平、提高效率及效益的问题。运输管理学则是运输业经营者关于运输企业的组织形式、结构规模、如何在运输市场上竞争和内部如何从事计划、财务、劳资等方面的经营和管理的学科。

运输学的成熟为运输经济学的产生提供了充分条件，而运输经济学则是衔接运输学与经济学的"交叉"学科，因此运输经济学内容的丰富与否是与运输学内容的丰富伴随相关的。其实运输经济学就是从运输学之中的最后章节的发展中分离出来的，而运输学又是一种工程学，那么也可以说运输经济学是一种后工程学。其中前缀"后"除指运输经济学从运输学之中分离出来的那部分内容外，还应包括二者分离后运输工程发展中所出现的新情况。这部分研究的主要内容就是工程技术与社会之间的"接口"问题，也就是运输之中的技术经济问题。其实还不止于此，运输经济学还应包括一部分从经济地理学中分离出来的问题。由于运输经济中的"路"与"车"两种问题比较时，"路"是交通地理系统中的慢变量，它对交通系统特性起着支配性的作用。其中"路"的问题又是属经济地理研究的范

畴，因而人们有时也将运输经济问题划归经济地理，而经济地理问题又属地理学科，因此运输经济学研究的问题中还有一部分来自经济地理。但这部分经济地理中的运输问题的基础仍是运输学，没有运输中的路就没有经济地理中的运输问题。实际上准确地讲经济地理问题应为地理经济问题，应属经济学科，所以运输经济学中真正能起分析作用的理论还是运输学和经济学。而运输管理学是一门与运输经济学邻近的学科。这二者的相同之处都是以运输现象作为研究对象；研究目的都是为了要使运输系统能有效运作，并使其资源得到充分利用。不同之处在于运输经济学研究是要抽象出运输生产中的经济规律。运输管理学研究则使如何将运输生产中经济规律得以具象。前者在研究中应尽可能地抹去不必要的背景去进行抽象操作，得到的研究成果就是抽象的规律，规律是属科学范畴的概念。所以运输经济学是一门科学。而后者则是要尽可能地将抽象规律在其应用的背景进行具象操作，使其回归到背景之中去。具象操作术在遵从规律的前提下，更多的是要应用艺术范畴之中的技术。因此，这就是很多人认为与其说管理学是一门科学，还不如说它是一门艺术的深层道理。

在一定程度上，运输经济学为其他运输学科提供必要的经济理论基础。在开展运输地理研究、进行运输规划、从事工程设计和施工，以及经营管理运输企业之前或工作进行之中，应该对问题的本质和来龙去脉有一定的了解和分析，对未来的可能趋势做出预测，并将解决问题的方法制定出方案以进行评价和可行性研究，作为决策的参考依据；运输的规划、设计、施工、运营各项工作中都包含经济问题，都离不开运输经济学的理论和分析方法。因此，运输经济学是其他几个有关运输学科的经济理论基础；同时，运输经济学也必须与其他学科一起共同发展，只有运输经济学与其他学科互相渗透、紧密结合，才能更好地探索各种运输经济问题的内在规律，比较圆满和有效率地实现运输目标。

二、运输经济学的学习

（一）运输经济学的学习意义

学习运输经济学具有两方面的意义：一类为理论意义；一类为实践意义。前者有助于不断地拓展其理论科学逻辑的深度和广度，从而提高人们的理论智力；而后者则有助于提高生活实践、工程实践和政策实践中的主客一致性，以减少实践风险。

1. 理论意义

一般认为，学习运输经济学理论具有两种功能：解释功能和预测功能。解释功能就是对运输状态进行定位，从而解释运输经济主体的行为，如运输供给者、运输消费者或政府等的经济行为。预测功能就是预测经济主体未来的行为，为运输决策提供备选方案并对各种可行方案进行效应分析，从而为决策提供依据。无论是解释功能，还是预测功能都应该是科学的，即有科学根据。为此，运输经济理论需要明确地建立一些基本经济范畴，需要对经济行为主体规定一些假设条件，对各经济范畴之间的关系建立一些模型等。

2. 实践意义

学习运输经济学的实践意义可以体现在个人、企业和政府三个层次上。从个人的角度说，学习运输经济学就是接受一种经济学方面的教育，以便为分析和理解现代运输市场经济运行规律及其中实施的经济政策提供知识基础；从企业的角度来看，市场经济条件下运输企业的经营和管理必须以经济学理论作为基础，以便降低成本、提高生产率，更好地满足市场需求；从政府的视角来看，政府管理的运输问题无一不是宏观层次上的社会问题，而宏观社会问题的把握是很难凭直觉行事的，运用运输经济学中的理论去把握，有助于正确决策、降低风险并加速发展。

（二）运输经济学的学习方法

首先，综合运用文字、图表与数学公式进行分析是很重要的。其次，知识的掌握要系统化。最后，理论要联系实际，要勤于思考、多问为什么，这一点非常重要。权威和老师比你强的地方仅仅是他们先走一步，已经学习和研究过这些东西，但是这并不意味着他们的研究结果是正确的。因此，对前人的东西，不应该"敬畏地、无条件地接受"，而应该是"尊重地审视、平等地质疑"。

三、运输经济学研究的对象、内容与方法

（一）运输经济学研究对象

人类从事交通运输以克服空间距离的阻隔，是一项无时不在、无地不在的任务，因此运输是人类的基本活动之一。交通运输的联系和影响，早已远远超出运输业本身而深入到社会经济生活的各个方面。运输经济学是要用经济理论与方法，去研究如何有效地在交通运输和其他经济活动之间分配资源，以及如何有效地利用已经分配用于运输部门的资源。

运输经济学的研究对象按其层次划分为以下三个方面。

1. 运输业本身所特有的经济规律

运输经济学作为一门部门经济学，首先要以马克思主义政治经济学为理论基础，从生产力和生产关系、经济基础和上层建筑的矛盾运动中研究和揭示运输经济的发展规律。

2. 运输业内部的生产关系

由于运输业具有不同于国民经济其他物质生产特征，以及由这些特征所决定的特有的经济规律和经济关系，所以运输经济学要从运输生产的特征出发，研究运输业内部的生产关系。包括与各种运输方式和生产技术密切联系的各方面的经济关系。

3. 运输经济的运行规律

研究运输经济的运行规律，就是研究运输行业经济运行的内在机制。归纳出运输经济中的资源配置和利用的规律，通过对运输经济中的成本、价格、供求平衡及投入和产出的研究，分析各种经济主体的行为，并由此研讨国家相应的法律、方针和政策。

运输经济学不仅研究现代化的运输体系，分析和探讨现代化交通运输的发展方式、方向、速度，根据经济发展的特点研究运输业与国民经济其他部门的关系，而且还研究运输经济中的政策、管理、效益，以及运输的成本、供求和价格。运输经济学把运输经济运行的客观规律、运输业内部各种经济关系以及运输经济同国民经济的相互关系作为自己的研究对象。

（二）运输经济学研究内容

运输经济学的研究范围很广，研究内容也随着历史的发展而不断充实和丰富。作为一门相对独立的科学体系，在总结运输经济发展与运行的客观规律，指导现实的经济活动中发挥着越来越大的作用。

运输经济学的研究内容大致可以分为以下几个方面：

（1）运输的发展及意义。包括运输发展过程、规律、趋势及其在经济、文化和社会发展中的作用、意义等。

（2）运输需求与供给。包括运输需求与供给分析、需求与供给均衡理论等。

（3）运输成本和价格理论。包括运输成本概念和组成，运输价格的组成、制订和管理。

（4）运输市场。包括市场基本理论、国内运输市场和国际运输市场的分析等。

（5）运输企业。包括运输企业性质、特点、经济功能及运输业经济管理和发展战略等。

（6）运输政策。包括运输政策的演变、历史评价及各种运输政策的研究等。

（7）运输项目投资、评估和经营。包括运输业及基础设施的投资立项、成本效益分析、融资、评估、经营等。

（8）城市运输问题。包括城市交通运输分析、资源配置、经济评价及交通拥挤问题等。

（9）运输与可持续发展。包括运输与环境、运输与安全、运输与能源、运输与土地利用等。

（三）运输经济学研究方法

较常用的研究方法有以下几种：

1. 历史分析法

交通运输是在经济社会发展过程中诞生和发展起来的。是人类进步的产物。通过对交通发展的历史分析，有利于认识交通运输在经济发展中的作用和现代交通发展的历史背景。

2. 经济结构、交通运输结构的分析

交通运输与其他产业相比缺乏独立性。与国民经济关系非常密切，受整个经济变化的强烈影响。不同的经济结构对交通需求趋势产生的影响不同，对由各种运输方式组成的完整交通运输结构进行分析，就可以掌握交通运输与国民经济的相互关系。另外。要分析某一运输方式的经济特征，首先应对整个运输结构做较全面的研究。要科学地预测将来交通需求的发展趋势，也应对整个社会经济的发展趋势、经济结构的变化倾向作出预测。

3. 经济计量分析的方法

由于计算手段、统计资料的缺乏，传统的运输经济学的研究侧重于定性分析，研究结果往往以抽象的结论告终，对现实的经济生活缺乏具体的指导意义。当然定性分析是重要的，经济分析需要正确的经济学理论作指导。但定量分析也是必不可少的，现代复杂的经济活动更需要加强定量分析。在运输经济分析中所使用的定量分析方法主要包括：回归分析、投入产出分析、运输布局分析、成本与效益分析、投资效益分析、运输市场预测、运输企业的生产函数和成本函数分析等。

4. 国际比较的方法

交通运输虽然因国家和地区不同而存在一些差异，但也有很多共同之处。在经济社会发展过程中，交通运输的发展也具有一定的规律性。我国交通问题也可从其他国家的研究

成果中找到解决办法。

（四）经济学中几个基本的概念

1. 稀缺与效率：经济学的双重主题

经济学是研究在一定的社会制度下稀缺资源的配置和利用的科学。

稀缺性是指相对于人们的无穷欲望而言，人们可利用的满足自己欲望和需要的资源总是不足的、有限的或稀缺的。稀缺性的概念反映了人的欲望无限和资源有限这一经济生活中的基本矛盾，这一矛盾自有人类经济生活以来一直存在，所以人们应该考虑的是如何选择最有效率、最经济地利用有限资源的方式来获得最大利益。

效率是指最有效地使用社会资源以满足人类的愿望和需要。鉴于欲望的无限性，就一项经济活动而言，最重要的事情就是最好地利用其有限的资源。更准确地说，一项经济活动达到这样的效益水平，以至于在不使其他人的境况变坏的前提条件下，不再有可能增进任何人的经济福利，那么，该经济活动就是有效率的。

经济学的精髓就在于承认稀缺性的现实存在，并研究一个社会如何进行组织，以便最有效地利用资源。

2. 微观经济学与宏观经济学

微观经济学是以单个经济单位为考察对象，研究单个经济单位的经济行为，以及相应的经济变量的单项数值如何决定。它需要解决两个问题：一是消费者对各种产品的需求与生产者对产品的供给怎样决定着每种产品的产销量和价格；二是消费者作为生产要素的供给者与生产者作为生产要素的需求者怎样决定着生产要素的使用量及价格。这涉及市场经济中价格机制的运行问题，它又称为市场均衡理论或价格理论。

微观经济学的核心内容是论证亚当-斯密的"看不见的手"原理。微观经济学采用个量分析法，个量是指与单个经济单位的经济行为相适应的经济变量，如单个生产者的产量、成本、利润，某一商品的需求量、供给量、效用和价格等。微观经济学在分析这些经济变量之间的关系时，假设总量固定不变，又被称为个量经济学。微观经济学的理论内容主要包括：消费理论或需求理论、厂商理论、市场理论、要素价格或分配理论、一般均衡理论和福利经济理论等。由于这些理论均涉及市场经济和价格机制的作用，因而微观经济学又被称为市场经济学。

宏观经济学以整个国民经济活动作为考察对象，研究社会总体经济问题以及相应的经济变量的总量是如何决定及其相互关系。它需要解决三个问题：一是已经配置到各个生产部门和企业的经济资源总量的使用情况是如何决定着一国的总产量或就业量；二是商品市场和货币市场的总供求是如何决定着一国的国民收入水平和一般物价水平；三是国民收入水平和一般物价水平的变动与经济周期和经济增长的关系。它又称为国民收入决定论或收入分析。

宏观经济学研究的是经济资源的利用问题，包括国民收入决定理论、就业理论、通货膨胀理论、经济周期理论、经济增长理论、财政与货币政策等。

微观经济学与宏观经济学两个分支共同构成了现代经济学。这两个领域既界限分明又密切相关。由于整体经济的变动产生于千百万个人的决策，所以，不考虑相关的微观经济决策，要理解宏观经济的发展是不可能的。

3. 实证经济学与规范经济学

在进行经济问题研究时，应注意区分揭示事实本身和评判是否公平这两个之间的界限。实证经济学描述经济社会的事实，也称实证表述；而规范经济学提出价值判断，也称规范表述。

（五）经济学的基本原理

经济学是研究有限资源的社会配置，以实现社会效益或经济利益最大化的科学。在进行经济学研究中，需要遵循经济学的基本原理，这也是运输经济学研究中所要遵循的基本原理。

1. 资源使用的交替关系原理

稀缺的社会资源在经济生产活动中的总量是有限的、固定的，当在某一方面被增加使用时，在其他方面就会减少该资源的使用量。经济学教科书常用"大炮和黄油"的例子说明，要制造更多的大炮时，就要减少黄油的生产。如果居民花更多的时间工作挣钱，就会减少闲暇的时间。

2. 机会成本原理

正如俗话所说的，当你得到一种东西时就意味着失去了另一种东西。这种你失去的东西的价值就是你得到的东西的成本，经济学家将之称为机会成本。

3. 边际决策原理

边际决策是指人们对现有行动计划的增加或减少进行调整，而不从总量上进行决策的方法。生产者重视边际产量和边际成本、资源利用的边际效率，并通过边际成本确定价

格，而消费者注意边际效用，政府关心货币的增加和减少、就业率的增减。边际分析是经济研究的最基本思路和方法。

4. 激励产生反应的原理

经济学认为参与经济活动的任何人都是理性的经济人。在经济活动中按照利益的驱动而行动，人们对激励会作出反应，遇到损失时会回避，或者说减少激励时会降低反应。

5. 比较优势原理

当两种利益进行比较时，有优势的利益会被选择，无优势的利益会被放弃。进行交易会使得交易双方的状态改善，如果其中有一方不能改善，则不会参与交易。

6. "看不见的手"原理

在市场中所形成的价格、交易的数量，社会资源向某一方面流动等现象，虽然说都是市场主体分散决策而形成社会共同决策的后果，但这些决策犹如存在一只"手"在进行控制。这只"看不见的手"就是每一个主体都在追求自身的利益，最后汇集成社会的共同利益。

7. 生产率差异原理

生产率是指生产要素生产物品和劳务的能力。生产力的发展有众多的影响因素并且经过复杂的过程，各国各地总是存在着生产力水平的差别。

8. 收益递减原理

在其他条件不变的情况下，随着某一种生产要素投入的增加所创造的产品数量不断减少。该原理也称为边际收益递减规律。

9. "看得见的手"原理

当市场机制失灵时，政府必然要对市场进行干预，这也是宏观经济学存在的基础。而在交通运输经济活动中，政府这只"看得见的手"更是始终存在。

第二章 运 输 市 场

第一节 运输服务的定价

一、定价原理

（一）定价的作用与目标

定价是一种资源配置的方法。不存在所谓"正确的"价格，只有可以实现预期目标的优化定价策略。在某些场合，制定价格并非为了试图把什么东西最大化或最小化，而只是为了去实现较低水平的目标。进一步说，定价可能是为了实现运输供应商在福利方面的某些目标；但在另外一些情况下，定价可能是为了增进消费者的福利。其中的区别是很细微的，甚至许多企业认为运用定价机制去达到目标也将自动地与顾客的利益相符合。因此，讨论实际定价政策的一个首要问题是确定"目标"到底是什么。但无论是哪一种目标，企业理论都假定供给者意在使自己的福利最大化，无论是把福利定义为利润还是较高层次的追求。

（二）企业定价的标准状况

利润最大化是私营企业传统的动机。这种情况下的实际价格水平取决于市场中竞争的程度。在竞争相当激烈的地方，没有单独一个企业可以操纵价格水平，价格水平取决于整个市场中供给与需求的相互作用。在这一完全竞争的环境中，任何运输供应商不可能长期获得超额利润，因为这种利润的刺激将使新的企业进入市场并增加供应总量。因此，从长期来看，价格将与每个供应者的边际和平均成本相等。

相反，一个真正的垄断供应商不担心新的进入者增加运输服务的总供给，并且可以自由地制定价格或者规定他所准备提供的服务水平。对垄断者的有效约束是需求的抵消力量，它可以组织产出和价格的联合决定。然而，鉴于假定没有竞争以及垄断者享有的自由程度，几乎可以肯定，利润最大化的价格将导致收费超过边际成本和平均成本。这就是为什么政府总是趋向于管理具有垄断特征的铁路、港口和其他运输企业的原因之一。

可是，对标准状况的这种简单描述，确实掩盖了一些运输市场的某些独特性。因为实际供应单位、运输工具是活动的，所以运输市场有可能看起来基本上是竞争的，但各个供应商制定价格时，却好像是垄断者，或似乎至少能发挥某种垄断力量。

二、边际成本定价与效率原则

（一）经济效率原则

对运价进行评价的标准首先应该是经济效率原则，一个好的运价结构必定是鼓励运输消费者和生产者有效利用其所得到的资源。如果一家公路运输公司的运营活动导致了过多的车辆空驶，那肯定存在着无效率；如果车辆的维修工作实际只需要 40 个修理工，但公司却雇用了 50 个，那肯定也浪费了资源。经济效率原则的重要性在于，它可以使人们在给定土地、劳动力和资本等资源数量下取得最大的社会福利。运输活动中的经济效率原则不只适用于减少空车行驶，它也涉及社会经济生活中应该生产哪些产品和服务，以及这些产品或服务的供求水平是否合理。这并不奇怪，频繁发生的交通堵塞就是造成导致人力与资本严重浪费的明显例子，而交通堵塞就产生于对拥挤道路的过度需求。如果人与车辆不是在阻塞的道路上一再耽搁，这些人和耗费掉的资源完全可以在其他领域或用途中产生出更大的社会福利来。显然，在道路上的堵塞和在企业中使用过多的人力对于社会福利造成的损失，从性质上看没有本质区别，它们都产生于资源的无效率使用。

而很多经济活动中的无效率都与价格水平的不适当有关。价格是同时引导消费者和供给者的最有效信号：过低的价格会导致某些产品或服务的需求过于旺盛，但生产者却没有兴趣增加供给；而过高的价格又会引起生产者在缺少足够社会需求的产品或服务上投入过多资源。此原理在运输市场是完全适用的，因为身在其中的运输服务消费者与供给者也是根据运输价格做出自己的判断，是价格在引导它们做出正确或者错误的选择，运价决定了运输市场上运输服务的种类与数量，也决定了需求者的满足程度。效率原则认为，对某一特殊产品或服务愿意支付最高价格的人可以享有消费的优先权。

（二）效率与机会成本

为了实现资源的有效利用，价格应该等于所提供产品或服务的机会成本，这一原理是普遍适用的，对于运输价格也是如此，无论是进行短期还是长期分析。只有运价等于提供运输位移的机会成本时，社会为该位移所付出的资源数量才是最合理的，否则不是过多就是过少。从运价与载运工具拥有成本的关系看，运价的效率表现在它对市场配置稀缺资源起着重要作用。当市场上的运价较高导致载运工具的租赁价格也较高时，这些拥有者一般就会加紧对自己的机队或车队进行维修，以保证尽可能充足地向市场提供载运工具；而当运价和租赁价格都较低时，维修工作一般也要减少，甚至机队或车队的规模都可能萎缩。以机会成本为基础的价格会使载运工具拥有者在决定维修费用和机队或车队的规模时做出正确的权衡。因此，使运输活动经济效率最大化的定价原则之一是：运价等于运输活动的机会成本。

（三）边际成本定价

换一种说法，价格应该等于做出每一次位移或出行决策的短期边际成本。因为做出每一次位移或出行决策的机会成本被称为短期边际成本，其之所以称为短期，是因为在做出决策之前目前的运输基础设施已经建成，或者车辆已经配置好了。

运价等于短期边际成本原则只提供了使社会福利最大化的一个必要，另一个条件是对接受某项运输服务的所有客户而言，总的支付意愿大于等于所用资源的机会成本。

对于某项运输服务，所有客户总的支付意愿与提供该服务所用资源的机会成本之差，应该是社会剩余。因此，上式所表明的社会福利最大化的第二个条件是要求提供某项运输服务的社会剩余不能为负值。换句话说，该条件是决定从社会总的角度看，哪些运输产品或服务应该予以建设或保留，哪些则应该放弃。

社会福利最大化的两个条件应该同时得到满足，也就是说，在某项运输服务的运价等于短期边际成本的同时，对其的总支付意愿也要大于或等于所用资源的机会成本。当需要考虑时间因素的时候，未来的收益与成本都应该进行折现以保证可比性。

三、现实中的定价方法

（一）高峰定价

1. 高峰问题

大多数运输形式，无论是货运还是客运，对其服务的需求都有高峰，而且这种高峰是有规律的。这种运输需求在时间和空间上的不平衡性导致了运输服务定价的困难。城市公共交通在每个工作日的早晨和傍晚的繁忙时刻经历需求高峰，城市货物运输也有需求高峰以适应顾客的要求和经营习惯；一年之中，空运、公路运输和铁路运输在夏季的几个月和春节等公共节假日期间经历假日交通需求高峰；而在一周之内，周末和工作日之间的需求水平有明显的差异；在更长的时期里，随着世界经济繁荣和衰落的交替，船运需求也出现周期性的变化。从空间的角度来看，运输业者往往需要载运工具在完成运输任务后回到起始时的位置，而实际的运输业务却往往只是单程的，货物一般绝不会再由原车载回；旅客一般倒是需要返回其旅行的原起始地，但却存在一个时间差，于是上下班通勤往返的时段客流的主要方向可能相反，此类运输需求在方向上的不平衡会引起如何在满载方向与回程方向分配运输成本的问题也需要解决。

在所有这些情况下，困难在于如何确定一种价格模式，以保证运输基础设施得到最优的利用，并为未来的投资政策提供指导，以及保证所有的相关成本均得到补偿。问题的本质是相对于需求而言，供给在时间和空间上不可分的问题，是特殊形式的联合生产问题。此类问题在其他经济部门也存在，但是运输服务无法被储存起来以使需求变化与平稳而均匀的生产相一致，调节只能通过价格进行。

2. 高峰定价法

"高峰定价法"的基本原理是，供给者成本的主要部分应当由需求最大的消费者来承担，即高峰时期或地区的用户应当支付运输费用的大部分，而非高峰用户只要求支付变动成本。由于多个承运人会竞相压低运价以承揽那些数量有限的回程货物，因此回程运价只能定得很低，这时候对航运公司来说运价再低也比空返更合算。人们还可以举出城市轨道交通每天都会有两次运输高峰期的例子，其运量在方向上也明显地出现不平衡，早上是从市郊住宅区到市中心工作的客流，下午则是从市中心返回市郊住宅区的客流，一些城市的轨道客运公司就自然地让重车方向的乘客票价能够同时抵偿重空车两个方向的成本。

（二）固定基础设施成本的分摊

1. 边际成本定价的问题

对于公路这样的运输基础设施来说，有效率的边际成本定价是要做到让驾车人意识到其出行的社会边际成本，而不是他所引起的道路当局的开支。此时，道路当局通过征收拥挤费得到的收入有可能弥补道路开支，但也可能弥补不了。只有当道路通过能力不足而发生拥挤的时候才需要征收拥挤费，而当道路通过能力大于车流量因此没有拥挤现象时，是不需要征收拥挤费的。

2. 运输基础设施定价的作用

在现实中，对于已有但经营不好的固定设施是否值得维持继续运营，私营公司往往容易过快地做出放弃的决定，而政府则反之，往往容易过迟地做出放弃的决定。对于政府兴办的基础设施，如果某些潜在使用者了解到他们不必付出足额的私人代价，就会热情地支持该项目的兴建，而政府则可能在利益集团或舆论的导向下，就很有可能把原本通不过有效定价标准的固定设施项目付诸实施，并长期营运下去。是否应该继续固定运输设施运营的经济决定，应该是对比经营者的收益与消费者剩余之和是否大于维持该设施的机会成本，而私营公司考虑的往往却是其收益是否大于其经营成本。如果像图上表示的收益小于成本，私营公司就可能会要求放弃经营。

私营企业的经营决策在很多时候是以财务成本而不是以机会成本为基础的，这中间的主要差别是否考虑沉淀成本。这也是可以理解的，因为经营者在开始时往往是靠贷款开办运输业务的，固定设施形成以后即使已经成为沉淀成本，但贷款还是要偿还的。这样，在运输基础设施建成后的决策评估中就有了两个不同的成本标准，一是不包括沉淀成本的机会成本标准，二是包括沉淀成本的财务成本标准。由于运输投资的沉淀特性，因此私人资本往往不愿意投资于这一领域。相对应地，政府由于不是仅仅以经营收入为基础来做出经营是否有利的判断，因此往往不愿轻易做出放弃已有基础设施的决策。

因此，对运输设施的使用制定有效价格，是要使使用者的支出与其造成的边际成本一致起来，它会导致对运输设施的最有效利用。在十分理想的情况下，对超量使用者征收的拥挤费正好可以用来弥补道路拥有者的道路成本，然而由于运输设施所需要的投资数量巨大、回收周期长和运输能力增加的非连续性或突变性等原因，用这种办法来回收运输设施投资是相当困难的。由于这些原因的存在，有效率的定价并不能保证所有运输设施的投资都获得补偿，因此需要政府必要的资金投入。

3. 运输基础设施成本的分摊

几乎所有的运输基础设施都是由很多使用者共同利用的：卡车和小汽车共同使用公路，客机和货机共同使用机场，客运列车和货运列车共同使用铁路，而货运列车上又装载着不同货主的货物等等，为运输固定设施制定价格常常被认为就是其成本的分摊问题。"均摊法"和"高峰定价法"是两种传统的分摊方法。

"均摊法"是一种最简单的平均计算方法，像把全年用于公路的所有开支总额除以上路的车辆总数。简单使用均摊法定价不能鼓励有效率地利用运输基础设施。

"高峰定价法"是另一种用于不同使用者共同利用基础设施的成本分摊方法。在这里，高峰定价粗略地说就是对一天的不同时段制定不同的价格，它的基础是由于交通量在不同时段上存在着很大差别，拥挤时段要根据明显上升的边际成本收取拥挤费。在不拥挤的时间，驾车的边际成本与平均变动成本相等，因此不收费。对在交通高峰期收取拥挤费的高峰定价法的使用也得比较谨慎，因为如果要依靠这种办法全部分摊运输基础设施成本，它所要求的适用条件是非常严格的，很少有能够完全满足条件的情况。因此，如果某些条件不满足，那么增加车辆对道路和其他驾车人所引起的边际成本就很小或者没有，也就不需要收费，结果固定设施的投资成本就根本无法收回。于是，运输经济学家还必须讨论运输设施成本分摊的其他方法，比如像每一类使用者付费时都不会产生对其他类别使用者提供实际补贴的"互不补贴定价"方法。

（三）互不补贴定价

1. 互不补贴定价的原理

互不补贴定价源于这样一个原则：即某一运输设施的所有使用者作为一个整体，应该补偿该设施的全部成本。如果做不到这一点，那么肯定就会出现由其他人对他们提供补贴的情况。因此，从道理上讲，所有公路的使用者就应该支付公路的机会成本，而所有铁路的使用者也就应该支付铁路的机会成本等等，依此类推。

但当一个使用者的整体恰好支付了运输设施的全部机会成本时，在该群体内部也会存在一部分人比另一部分人支付得更多些的情况，也就是说在群体内部存在着一部分人补贴另一部分人的现象。但在这里只把注意力集中在使用者的类别或群体上。一种价格结构如果做到了使任何一个使用者群体都不能通过取消其他使用者而使自己对运输系统的利用状况变得更好，那么就可以被叫作互不补贴定价。换一个说法则是，如果一个使用者群体需要支付的固定设施成本可以由于取消其他使用者群体而降低，那么前者就是对后者实施了交叉补贴。也就是说，互不补贴的价格结构可以做到使每一个使用者群体都最少支付由他们所引起的运输系统的增量成本。增量成本是与边际成本存在一定区别的概念。虽然都是由于增加产量或服务引起的成本，但边际成本主要是指增加的最后那一个产量或使用者所引起的成本，一般情况下仅包括变动成本，而增量成本更像是指最后增加的那一批产量或一个使用者群体所引起的成本，在通常情况下增量成本还需要包括固定成本，因此增量成本比边际成本更接近于提供一种或一组新的服务所需要的全部成本。

互不补贴定价的概念是在使用者群体的基础上扩大了前述有效率定价的原则。有效定价需要满足的条件，一是价格等于使用者的边际成本；二是总支付意愿要大于或等于所用资源的机会成本。互不补贴定价把这些标准扩大到多个使用者形成的群体和多项服务，要求总收入大于或等于总成本。这种概念扩大对于运输业来说是很重要的，因为运输业在通常情况下都是共用设施，如果所有被观察的使用者群体都支付了他们所引起的增量成本，那么此时的价格就可以认为是互不补贴价格。对于私营运输公司来说，因为公司经营的目的是盈利，因此是否满足互不补贴定价的标准比较容易判断，如果出现亏损，只要分析中止哪些服务就能够扭转亏损，即比较可能的成本节约和收益损失就可以了。但对于政府经营的企业则会存在一些问题，因为政府在很多情况下并不是或并不应该以利润最大化为目标，特别是在提供基础设施方面，所以公营企业的价格并不一定都满足互不补贴定价的原则。实行互不补贴定价仍然存在着不公平的现象。这是因为作为一个群体的使用者偿付了他们引起的增量成本，但该群体中的个体之间还是存在差别，所以很难完全避免使用者个体的支付与其真正引起的成本消耗并不一一对应，还是存在某种程度上的交叉补贴。

2. 互不补贴定价的困难

互不补贴定价原则所决定的固定设施成本分摊方法，大大减少了由于多个使用者共同使用基础设施所导致成本计算的不确定性和任意性。比起有效率原则的定价，互不补贴定价原理的适用条件放宽了一些，但它也还是只能适应长期成本与短期成本的区别不是十分清晰，固定成本与沉淀成本的区别也不是十分清晰的那些情况，它对交通量与运输基础设施能力可及时随价格变化而协调也有比较严格的要求。然而在现实生活中，对交通量的预测往往并不能做到很准确，运输能力及交通量的反应也往往显得迟钝，因此仍旧需要像对收取拥者费用一样，对互不补贴定价原则的使用也允许有偏差。

对于现实不可能像以上理论所要求的瞬间完成市场调整的情况。由于现有的高速公路当初可能并不是为这些大型车辆设计和修筑的，因此这些重型卡车对道路路面造成了很大的破坏，因此很多人主张对重型卡车征收较高的通行费用。但如果当时设计和修筑高速公路时能够把路面的厚度增加几英寸，路面的损坏就不会像现在这样严重，较高的重型卡车通行费只不过是一种惩罚性或补救性的短期措施。而从长期来看，对道路今后的维修和建设计划是要根据目前的交通量来制定的，那么由于过高惩罚性收费导致的车流量扭曲又可能会进一步引起投资判断的失误，因此短期均衡也许会引起长期的低效率。

交通设施确实应该根据预期的交通流量进行设计和建设，通行重型卡车的道路必须路面较宽较厚，路上的桥隧也必须更加坚固，通行深水船舶的航道则必须达到相应的深度等等。根据互不补贴定价原理，引起这些更大固定设施成本的交通工具，像重型卡车和深水船舶就有责任补偿相应的额外成本。如果一种运输方式仍旧处在扩张时期，即仍旧需要新建或扩建设施，而新的设施标准可以根据目前交通流量的信息指标加以确定，那么每一类交通量显然就应该为自己所引起的增量成本负责，这些增量成本不仅包括现有设施的维修费，也应该包括新的投资。但还是有很多情况是反方向的，运输设施建设时制定的标准对于现有交通量来说过高或过大，运输设施的能力得不到充分利用。

（四）次优定价

1. 次优定价的原理

互不补贴定价法在不同使用者群体之间确定了费用分摊的上下限标准，这些标准往往不是针对使用者个人，而是针对使用者群体的。此外，互不补贴定价法常常也不能把成本全部分摊完毕，因而仍旧不能完全解决固定设施成本的回收问题。任何偏离边际成本的定价都会导致资源配置的低效率，如果目标是高效率，就需要有一种"次优"的定价方法。为了克服固定成本分摊的武断性并尽可能地增进社会福利，有学者提出了"次优定价法"，又称"拉姆奇定价法"。

该方法是指在最优定价无法实行的情况下，采取次优方式分摊固定设施成本，具体地说，是利用不同使用者群体的需求价格弹性差别作为分摊固定成本的基础。根据拉姆奇定价法，每一个使用者群体都要支付一部分固定成本，其中需求弹性最小的使用者群体承担的比重相对最大。该理论的解释是，任何偏离边际成本的定价都会引起运输设施使用中的无效率，对于那些需求弹性较大的使用者，价格上升引起的退出使用的无效率也会较大，而为了尽可能地减少这种无效率，就只好对需求弹性较小的使用者提高价格。

2. 次优定价的优势

一些学者认为拉姆奇定价法只能应用于剩余固定设施成本的分摊，也就是说，应该先利用互不补贴定价将固定设施成本的主要部分在不同使用者群体之间进行分摊，分摊不完的部分再使用拉姆奇定价法。其实，拉姆奇定价法运用的领域很广。即使有补贴，把价格定在边际成本上也不一定能使企业补偿其总成本，但通过使用拉姆奇定价法，经理们就既能补偿一定数量的固定成本，又能使对资源配置的消极影响最小化。此外，拉姆奇定价法有时候遭到批评是因为对那些替代品最少的产品或服务在定价时偏离边际成本最远，因而面对的价格最高。尽管这一情况属实，但除了使用拉姆奇定价法外，的确没有更好的其他方法了。

（五）全部成本和增量成本定价

1. 全部成本定价法

对基础设施经营者来说，诸如信息指示标志之类的费用属于共同成本。由于这些设施对每一类用户都是需要的，任何分摊这些共同成本的方法都是武断的。事实上，分摊共同成本的概念本身就是自相矛盾。它要分摊的成本，在概念上早已确定是不能归属于任一种具体产品或服务的。尽管存在这一问题，许多运输基础设施经营者仍在广泛使用全部成本定价法。这一方法要向企业的每种产品或服务分摊共同成本。这样，每种产品的定价必须能补偿被分摊的共同成本加上直接与提供这种产品或服务有关的成本。正如前面提到的，任何对共同成本的分摊都是武断的。但这种定价方法的真正问题在于，分摊方案的选择会对价格的确定有重要影响，从而也影响到企业所提供的产品或服务的需求量。向一种产品分摊共同成本较少的方案，会导致低定价；而分摊共同成本较多的方案，则会导致高定价。

2. 增量成本定价法

虽然运输企业必须补偿它的共同成本，但并不是每种运输服务的价格都必须高到足以补偿被武断分摊的共同成本。有时，正确定价要求的是，价格至少要能补偿生产每种产品的增量成本。增量成本是指额外增加的成本，如果不生产产品，这种成本就不会发生。只要产品的价格超过它的增量成本，企业提供这种服务就能增加总利润。因此，应当根据对增量成本的评价来做决策。

（六）差别定价

1. 差别定价的原理

差别定价，也可称为价格歧视，指的是一家企业在出售一样的产品或服务时，对不同的顾客索取不同价格的现象，有时候差别定价是指对成本不同的产品制度统一的价格，更多的差别价格是指成本基本相同而价格不同，其目的都是为了增加企业的总利润。实施差别定价需要满足三个条件：首先，企业对价格至少有一定的控制能力，而不是只能被动地接受既定的市场价格。其次，企业能够根据价格弹性的不同把企业的产品市场划分为几个不同的市场，即企业必须能够分清应该向谁索取高价，向谁只能索取低价。最后，企业的市场必须是能分割的，即企业必须能够阻止可以支付高价的顾客以低价购买商品。满足这三个条件，企业就能实施价格歧视，并从中谋取到更大的利益。

2. 差别定价的分类

差别定价可采取许多形式，但通常分为三类，它们的共同点是允许企业攫取统一定价本来能给予消费者的部分消费者剩余。

一度差别价格是指为每单位产品或服务索取最高可能的价格。一度差别价格是差别价格最极端的形式，也是企业最能盈利的一种定价方法。由于每个单位的产品或服务都被索取了最高价格，因此，所有的消费者剩余都被攫取了。一度差别价格并不常见，因为它要求卖者十分了解市场需求曲线。比较接近的可能是某些城市私车牌照拍卖制度，管理部门要求每一个可能的买者进行投标，凡超过最低标价的投标都被接受，投标人就有义务按投标的报价购买车牌。通过这一过程，就有可能向每个准车主索取他愿意支付的最高价格。

二度差别价格是一度差别价格的不完全形式，它不是为每单位产品或服务制定不同价格，而是根据单个消费者购买的数量大小来定价，每个购买相同数量的消费者支付的价格相同。二度差别价格主要用于产品和服务的消费量可以进行测度的情况。某些城市公交采用月票制和季票制，通常季票比月票更"划算"，因为这样可以鼓励消费者购买更多的产品。

三度差别价格最为常见，它要求按需求价格弹性的不同来划分顾客或市场。这种划分可以根据市场的不同地理位置来定，也可以根据用户的特征来定。与拉姆齐定价法很相似。三度差别价格也是对需求弹性较小的顾客或市场制定价高的价格，而对需求弹性较大的顾客或市场制定较低的价格。

3. 服务质量歧视

有时候，价格歧视不仅会体现在成本或价格上，在服务质量上也会有极大的区别。一些公司常常会降低其顶级产品或服务的级别来生产性能较差的产品或提供质量较差的服务，这样它就可以以较低的价格出售这些产品从而赢得低端的市场。

4. 差别定价的效率

差别定价或价格歧视的经济效率常常会提高经济福利。垄断者通过提高价格和降低销量来增加利润。他们这样做会赢得急需其产品或服务的顾客，同时也会失去那些犹豫不决的顾客。通过区分愿意支付高价的顾客和只愿意支付低价的顾客，分别制定不同的价格，垄断者就可以同时提高利润和消费者的满意度。

（七）成本加成定价

1. 成本加成定价的原理

在传统上，经济理论假设企业谋求利润最大，而这一目标是通过把产量定在边际收入等于边际成本和根据需求曲线确定价格来实现的。但在实践中许多运输企业使用的却是成本加成定价法。这一方法是指，所定的价格应能够涵盖取得或生产产品的成本，再加上足以使企业按目标回报率获得的利润。

2. 成本加成定价的优势

成本加成定价法具有一些受人欢迎的优点：首先，它有利于价格稳定。这是人们所需要的，因为价格变动会很费钱，而且可能引发竞争者做出对自己不利的反应；其次，成本加成定价法的计算公式很简单，所需要的信息比边际收入等于边际成本定价法要少，因而用起来很方便；最后，成本加成定价法能够为价格变动提供"正当的"理由。

但是，成本加成定价法也在许多方面受到了批评。一个所谓的问题是，它是根据成本计算出来的，并没有考虑需求。这一缺点因所用的成本数据可能有误而加重，因为成本加成定价法使用的是历史或会计数据而不是增量或机会成本。另外，乍一看，成本加成定价法似乎与以利润最大化为假设的经济理论并不一致。而成本加成定价法的广泛使用也会给人一种感觉，似乎根据边际收入等于边际成本的决策规制来做的分析基本上没多大实际用处。但实际上，这些矛盾只是表面上的。所以有理由认为使用成本加成定价法只是企业追求长期利润最大化目标的一个手段，而且可以证明成本加成定价法和根据边际收入好坏决定边际成本定价有密切的联系，虽然两者并不等同。

为了比较这两者，首先来看成本。尽管成本加成定价法根据的是平均成本而不是边际成本。但长期边际成本与平均成本往往差别不大，特别是在普通公路货运这样的行业中。因此，可以把根据平均成本定价看成是用边际成本定价的合理的近似。其次是看目标回报率，一般来说，决策应以对需求弹性和竞争条件的估计为基础。如果需求弹性较大，竞争很激烈，加成就较小。

第二节 运输市场结构

一、运输市场的概念

（一）市场的概念

市场是买者和卖者相互作用并共同决定商品和劳务的价格和交易的机制。市场看上去只是一群杂乱无章的卖者和买者，但却总是有适量的产品被生产出来运送到合适的地点。市场体系是一个具有自身内在逻辑的体系。在市场中，是价格在协调生产者和消费者的决策。

（二）运输市场狭义与广义的概念

运输市场有狭义和广义之分。狭义的运输市场是指为完成旅客和货物的空间位移而提供客位或吨位的场所，即运输需求方、运输供给方及运输代理者共同进行运输交易的机制。广义的运输市场则包括运输活动各方在交易中所产生的经济活动和经济关系的总和，即不仅包括运输营业场地、运输代理机构等各种提供客位和吨位的场所，也包括运输产品的生产者和消费者之间、运输能力供给和运输需求之间、运输部门和其他部门之间的经济关系，还包括运输市场结构、运输市场机制、运输市场调节和管理以及企业在运输市场的经营等。

当然，运输市场是一个相当复杂的概念，运输经济分析应该避免比较笼统地谈论一般的所谓运输市场，而是更加注意根据所提出的具体问题，区别各种基于特定运输对象、有特定运输目的和特定始发和到达地点的运输服务，并根据可搜集到的可靠数据资料进行分析。因此，目前有些运输经济学家主张"运输市场是一组其产出和价格均可计算的运输服务"这样的提法，也就是说，每一个具体运输市场上的产出应该是同质的，即其起讫地点和运输方向、所运货物或对象都是一致的，与其他运输市场上的需求及供给不应混为一谈。这是有一定道理的。

二、运输市场的类型

按照不同的标准，运输市场可以有多种分类方式。按运输方式，可分为公路运输市场、航空运输市场、水路运输市场；按运输距离的远近，可分为短途、中途和长途运输市场；按运输市场的空间范围，可分为地方运输市场、跨区运输市场和国际运输市场；按运输市场与城乡的关系，可分为市内运输市场、城间运输市场、农村运输市场和城乡运输市场等。更一般的分类是按运输市场的竞争性，分为完全竞争、垄断市场、寡头市场和垄断竞争市场。

（一）完全竞争市场

完全竞争市场是一个理想化的市场，在这样的市场中，有许多规模较小但进出市场自由的企业，每一个企业都生产完全相同的产品，每一个企业的规模都太小，以至于无法影响到市场的价格；而且，市场交易活动自由，没有人为限制，市场的所有参与者均拥有充分的信息。在完全竞争市场中，市场完全由"看不见的手"——价格进行调节，政府对市场不作任何干预，只起维护社会安定和抵御外来侵略的作用，承担的只是"守夜人"的角色。

停业原则：企业在收入刚好抵补它的可变成本或者损失正好等于固定成本时，停业点就会出现。当价格低于该水平时，致使收入无法抵补它的可变成本时，企业就会停业以使其利润最大化。关于企业停业点的分析得出了一个似乎出人意料的结论：即使追求利润最大化的企业亏损，它也可能在短期内继续经营。尤其是对于大量负债，从而拥有较高的固定成本的运输企业来说，这一情况是成立的。因为，只要亏损小于固定成本，他们继续经营就是实现利润最大化和损失最小化。

长期的零利润均衡：当一个行业的供给是由具有完全相同成本曲线的竞争企业所提供，而且这些企业又可以自由地进入或退出该行业时，长期均衡的条件就是，对于每一个完全相同的企业来说，价格等于边际成本，又等于最低长期平均成本点。

完全竞争市场只是西方经济学家在研究市场经济理论过程中的一种理论假设，在现实生活中，完全竞争市场所需的前提条件很难成立。尽管完全竞争市场在现实经济生活中几乎是不存在的，但是，研究完全竞争市场类型仍有其积极的意义。分析研究完全竞争市场形式，有利于建立完全竞争市场类型的一般理论，当人们熟悉掌握了完全竞争市场类型的理论及其特征以后，就可以用其指导自己的市场决策。

（二）完全垄断市场

不完全竞争极端的情况是垄断，单一的卖者是它所在行业的唯一生产者，同时，没有任何一个行业能够生产出相似的替代品。完全的垄断在今天是罕见的。完全垄断市场具有促进资源效率提高的可能性，也具有刺激创新的作用。但是，完全垄断市场会造成市场竞争和生产效率的损失、会造成社会产量的损失以及消费者利益的损失。

同样要指出的是，完全垄断市场也是一种极端的市场类型，这种市场类型只是一种理论的抽象，在现实经济实践中几乎是不可能存在的。因为在现实经济实践中大多数垄断企业总是要受到政府或政府代理机构各个方面的干预和调节，而不可能任意由垄断企业去完全垄断市场。当然，如果政府对垄断企业不进行干预，或者干预不力，垄断企业垄断市场、损害社会和消费者利益的可能性也是随时可能出现的。即使完全垄断市场在现实经济实践中几乎是不存在的，研究完全垄断市场还是具有积极意义。

（三）寡头垄断市场

寡头或寡头垄断市场是介于垄断竞争与完全垄断之间的一种比较现实的混合市场，是指少数几个企业控制整个市场的生产和销售的市场结构，这几个企业被称为寡头企业。寡头企业在现实生活中是普遍存在的，寡头的重要特征是每个企业都可以影响市场价格。在航空业，仅仅一家航空公司降低票价的决定，就会引起它的所有竞争者降低票价，引发一场价格大战。

当寡头能够互相联结，使他们的共同利润达到最大时，考虑到他们之间的相互依赖性，他们就会以垄断者的价格和产量来赢得垄断者的利润。虽然许多寡头会对于获得如此高的利润感到渴望，但在现实生活中，存在许多阻碍他们有效勾结的因素：第一，勾结可能是非法的；第二，企业可能通过对所选择的顾客降低价格以增加其市场份额来"欺骗"协议中的其他成员；第三，随着国际贸易的不断深入，许多企业不仅要应对国内竞争，还要迎接国外企业的激烈挑战。

另外，值得注意的是，垄断虽然是竞争的矛盾对立面，但它的存在并没有消灭竞争，尤其是寡头垄断改变的只是竞争形式，而非竞争本身。另外，如果从国际范围、某一国来看，寡头垄断反而会使竞争大大加剧，激烈的竞争足以使寡头垄断企业尽可能地努力进行研究和开发，尽可能提高效率，尽可能降低产品的价格。而不是像传统的经济学理论认为的垄断破坏和降低有效的市场竞争，阻碍经济和技术的发展。可以看到航空运输业的残酷竞争，在一条特定的航线上往往只有两三家航空公司，但在它们之间，仍然是过一段时间就要发生一场票价大战。寡头间的对抗包含了许多提高利润和占有市场的行为，它包括利用广告向外移动需求曲线、降低价格吸引业务，以及通过研究提高产品质量或研制新的产品。完全竞争并不意味着对抗，而只是表示行业中没有一个企业能影响市场价格。同时，寡头垄断的形成可以避免无序竞争，减少资源浪费；寡头垄断也可以避免完全垄断的"唯我独尊"，使行业发展具有竞争的动力和潜力。因此，如果说寡头垄断企业在缺乏竞争的环境中，一般不会自觉地追求高效率，从而导致实际效率往往与最大可能效率之间存在巨大偏差，高效率只是寡头垄断企业自身天然优势带来的一种可能性的话，那么寡头垄断企业并非真正独占市场，这一点就使寡头垄断企业不得不追求高效率，从而使其高效率具有现实性。

（四）垄断竞争市场

最后一种不完全竞争的类型是垄断竞争。垄断竞争在三个方面类似于完全竞争：有许多买者和卖者，进入和退出某一产业是自由的，各企业都把其他企业的价格视为既定。二者之间的差别在于：在完全竞争的条件下，产品是完全相同的；而在垄断竞争的条件下，由不同企业销售的产品是有差别的。

差别产品在重要的特征上表现不同。像去商店要花一定的时间，而到达不同的商店所需时间的差异会影响购买决策。用经济语言来说，购买物品的总机会成本依赖于购买者与商店之间的距离。因为去当地商店购买的机会成本要低一些，所以人们倾向于就近购买很多商品。地理位置给产品带来的差别是零售贸易形成垄断竞争的重要原因。此外，质量差异已经称为产品差别中越来越重要的因素。产品质量的差异也许是产品的真实品质上的，也许是外观设计上的，也许仅仅是品牌认知的原因，使得消费者认为各个生产者提供的产品是有差异的。不管这种差异是否真的存在，在现实中消费者在面对商品时确实存在着某种偏好。很多人可能都有这样的经验，长途旅行时都愿意乘坐国营的车辆，而不愿乘坐个体车辆，尽管二者在价格上可能并无差异。消费者的这种偏好导致在有些地方甚至出现了个体车辆冒充国营车辆、或者挂靠到某一国营运输企业却不接受任何管理的情况。因此，在这样的市场中，广告宣传、营销策划等活动不再是可有可无，价格也不再是决定市场竞争力的唯一因素。

为便于分析，应记住这样一个重要的观点，即产品存在差别意味着每个销售者相对于完全竞争市场来说在某种程度上都有提高或降低价格的自由，即产品的差别使得每个卖者所面临的需求曲线向下倾斜。从短期来看，企业可以通过一定的价格策略使价格高于边际成本，来争取更大的市场份额或更大的利润率。但从长期来看，随着具有新差别产品的企业的进入，这种不完全竞争行业的长期利润率为零。垄断竞争市场的长期均衡，实际上就是生产者自身不断调整规模以适应由于其他生产者的进入或退出而被打破的短期均衡的过程。多一些批评家相信，垄断竞争天生是低效率的，尽管它的长期利润也是零。另一些人提出垄断竞争会导致过多新产品的出现，而如果消除这些"不必要"的产品差别，就会降低成本从而降低价格。这些批评垄断竞争的论断有它们不可忽视的吸引力，有时候，的确很难解释为什么十字路口的四个角上会各有一个加油站。不过，有一个逻辑性很强的观点可以用于解释社会经济的多样性。通过减少垄断竞争者的人数，你或许能够降低价格。但是，你也可能会因此降低消费者的最终福利，因为人们再也不能得到如此多样化的物品了。某些集中的计划经济国家试图对于少量差别产品实现标准化，结果导致了消费者的高度不满就是最好的例证。人们有时宁愿为自由选择而支付较高的代价。

（五）不完全竞争的实质与代价

如果一个企业能够明显地影响其产品的市场价格，那么，该企业就是一个"不完全竞争者"。当个别卖者在一定程度上具有控制某一行业的产品价格的能力时，该行业就处于不完全竞争之中。当然，不完全竞争并非指某一企业对其产品的价格具有绝对的控制力，毕竟制定出的价格还需要消费者买账。另外，决定价格的自由度在不同的行业之间也有差异。

多数不完全竞争的例子可以归于这样两条主要的原因。第一，当大规模生产出规模效益并降低成本时，一个产业中的竞争者就会越来越少。在这些条件下，大企业就可以比小企业以更低的成本进行生产，而小企业只能以低于成本的价格销售，因而无法生存。第二，当出现"进入壁垒"，即新的企业很难加入某一行业时，也有可能出现不完全竞争。在某些情况下，政府的一些限制竞争者数量的法律或规章，也会产生这些壁垒。在其他情况下，新企业也可能因为进入市场的成本太高而被拒之门外。不完全竞争的两种根源如下。

1. 成本和市场的不完全性

了解一个产业的技术与成本结构，有助于人们分析该产业需要多少个企业来支撑，各自的规模需要有多大。这里关键的是要了解这个产业是否存在规模经济。如果存在规模经济，企业就可以通过提高产量来降低成本，至少产量可以提高到一定的程度。这就意味着较大的企业在成本上比小企业具有一定的优势。当规模经济发生重要作用时，一个或几个企业就可以将产量提高到一定程度，以至于能够在整个产业的总产量中占据重要的比例。于是这个产业就成为一个不完全竞争市场，也许是单个垄断者主宰整个行业；更有可能的则是有几个大的企业控制市场的大部分份额；或者会存在许多企业，它们各自的产品存在一定的差异。不管是哪种结果，都能发现它们终究逃不出不完全竞争的范畴，更不会出现完全竞争中企业仅仅是作为价格的接受者的情况。

2. 进入壁垒

尽管成本差异是决定市场结构的最重要因素，但是，进入壁垒也能增加产业集中程度，有时甚至会成为主导因素。进入壁垒是新企业进入一个产业的各种阻碍因素。当进入壁垒很大时，这个产业的企业就很少。规模经济是进入壁垒的一种很普遍的类型，除此以外，法律限制、进入的高成本以及广告宣传也会形成进入壁垒。

法律限制——有时，政府会限制某些产业的竞争。重要的法律限制包括专利、关税与配额、准入限制或实行国家垄断经营。

进入的高成本——进入壁垒除了法规上的，还有经济上的某些产业的进入成本是很高的。某一领域的长期垄断还会形成市场中全体消费者对某一固定产品的消费习惯。

广告宣传——有时候企业也可以通过广告宣传来构筑对付潜在竞争者的进入壁垒。广告宣传可以提升产品的知名度并形成名牌效应。

策略的相互作用——当在某一市场上仅仅有少数几个企业时，它们必然会认识到它们之间的相互依赖性。当每个企业的经营战略取决于它的竞争对手的行为时，就会出现策略互动，这属于博弈论研究的领域。

垄断者减少产量和提高价格，他们的产量低于应有的像在完全竞争行业中的那种水平。在不完全竞争的极端情况——垄断中这一点尤为明显。通过保持产品的稀缺性，垄断者将其降低价格提高到边际成本之上。因此，社会没有得到想要得到的产出水平。在寡头垄断的场合，只要企业价格高于边际成本，其结果也是同样的。运用消费者剩余工具，可以衡量垄断所造成的福利损失。经济学家用净损失这一术语来衡量由于缺乏效率所造成的经济危害；这一术语表示实际收入的损失，或由于垄断、税收、配额或其他破坏所引起的消费者剩余和生产者剩余的损失。

不完全竞争者通常所提出的一个主要的反击理由是，在现代经济中，大企业负担了绝大部分研究开发和创新的费用。这种说法不无道理，因为集中程度较高的产业为了在技术水平上超过竞争对手，每单位销售额中往往含有较高水平的研发费用。不过，个人和小企业也会创造出很多重大的技术突破。

三、运输市场结构分析

产业组织结构和市场结构是经济学研究的重要领域，这方面的学术成果对企业边界的确定、对政府制定明确和有针对性的行业政策、建立合理和有效的管理体制都具有重要理论和实践意义。而作为网络型产业的运输业，其产业组织和市场结构又具有特殊的复杂性，不能不引起运输经济学更多关注。分析运输市场结构的目的，是要了解各种运输方式或企业是否存在规模经济、是否具有市场势力或市场操纵力，能够凭借垄断价格获得超额利润。

（一）上下一体化的运输经营者

铁路运输可能是被政府管制最严格的运输方式。如果不考虑管道运输的特殊情况，传统管理体制下的铁路是唯一实行上下一体化经营的运输方式：铁路公司既拥有线路等基础设施，又拥有移动的机车车辆，还负责提供直接的客货运输服务，这就使他们比任何其他运输方式在收取运价方面拥有更大的自主决断权力。正是由于这样的一种权力，使得铁路到现在可能还是受管制最多的运输方式，在人们抱怨铁路垄断经营的同时，在这个行业的投资却得不到正常回报。这里显然有些误解，其实并不是所有拥有固定运输设施的经营者都具有攫取所有消费者剩余能力的。

铁路对它的一部分使用者具有市场支配力量，即它有可能对这些使用者收取高于有效水平的价格，如果铁路运输成本的计算和分摊方法可以做到准确可靠，那么铁路公司是否真的滥用了这种市场力量就可以明确地判断出来。因此，铁路成本分析无论对于铁路使用者还是对于铁路公司都成了至关重要的问题。但运输经济学家恰恰在这个问题上很不自信，原因就是铁路运输成本的计算难度太高，而且计算数据的获取十分困难。

铁路所运输的货物中有一大部分属于本身价格较低的产品，它们承受运价的能力也不强，对运价的变动比较敏感。煤炭就是一种常由铁路运输的货物，由于该产品的市场竞争性很强，加之政府的价格管制，因此煤炭产品的供应商无法自己决定其市场价格而只能是价格的接受者。这样。如果铁路提高对煤炭的运输价格，供应商就可能无法用市场上的收入弥补运价的上涨。这与航空货运的对象多为较高价值货物，运价在货物本身价格中仅占很小比例，因而对运价上涨承受力较高不同，铁路的用户对运价的敏感性更大。一旦铁路运价的上调威胁到铁路用户的利益，他们就会转而求助于管制机构，要求对铁路运价进行限制。但由于铁路运价计算与分摊的复杂性，管制机构也无法判明铁路公司的运价是否真的不合理，而只能大致根据粗略的总体平均或其他类似方法估计，结果这样裁定出来的铁路运价往往既给铁路公司造成损害，也使更多铁路用户深受其苦。

在 20 世纪的最后 10 年，世界上很多国家的铁路开始实行把基础设施与客货运输服务分开进行管理的新模式。这种类型的管理模式在不同国家有不同的具体表现形式：有的把线路等基础设施仍留给国家负责建设和维护，客货运输则采取商业化经营的形式；有些国家又进一步把客货运营进行分割，形成了若干个能够开展一定内部竞争的运营公司；还有些国家甚至对铁路基础设施也采取了商业化经营的改革。因此，铁路行业的组织结构目前已经发生了很大变化，在很多国家至少它已经不再是那种传统意义上下一体化运输经营者的典型了。

（二）基本上不拥有固定设施的运输经营者

1. 行业的可竞争性

从行业的可竞争性来看，与同时拥有运输基础设施和载运工具的铁路公司相比，整车公路货运企业这种只利用可移动载运工具从事货物运输的运输业经营者，显然不具前者对使用者的市场操纵力量。在不存在严格的市场进入管制，而且人们可以为货车找到比较规范的二手交易市场，只经营可移动载运工具的公路货运业者可以很方便地将这些载运工具转移到有市场需求的地方去，在一个地区或一条线路经营不好时，就可以较低的代价转移到另一个地区或另一条线路上去。类似这种沉没成本较低同时市场比较容易进入的行业，在经济学中被称为可竞争的行业。可竞争市场是指市场内可能只有一家或少数几家供给者，但这些厂商却很难利用垄断地位获取垄断利润，因为市场以外的"潜在"竞争者随时可能进入以分享这种利润。根据这种原理，原本市场结构要由规模经济与范围经济来决定的原则在可竞争的市场中已经不那么重要，而且在这里，市场价格就等于机会成本。因此，这些上下分离且只由移动载运工具经营者组成供给方的公路货运市场，应该属于可竞争的市场，运输业者不具有垄断力量，其市场价格就等于他们的运营机会成本。

2. "过度竞争"问题

然而，尽管这一类运输市场不具有垄断性，但在过去不短的时期里它们也受到管制，原因是可能存在毁灭性竞争。原来的理论是，这种市场中的运输厂商有可能在价格战中把运价压得过低，结果导致最后市场上还是只剩下一家垄断者。一些对此行业的研究将这种分散视为问题，认为当企业如此之小时很难获得规模经济和密度经济。在我国，这种观点实际上导致了一些鼓励纵向一体化的政策和措施的出台与实施。虽然上述说法目前已经不怎么被接受了，但还是可以针对这些观点来对这类运输市场中可能出现的期间性过低运价水平做出解释和分析。

在由移动载运工具经营者供给的运输市场上，运价决定于经营者的机会成本，而运量在方向上可能是不平衡的，因此这也会影响到运价。如果出现运输需求在方向上的不平衡，那么在回程方向上就会有运输能力的过剩，任何希望揽到回程运量的经营者都可能接受较低的运价，只要该运价高于载运工具空返的成本加上少量增加的燃料费和保险费等，否则空返成本就要全部加在重载方向的成本上了。但如果运输需求在方向上比较平衡，那么两个方向的运价水平就会相差不多，分别与本方向的运输成本相对应。另外，经营载运工具的机会成本与运输总需求及其他一些因素显然也有很密切的关系。在经济衰退期间，由于运输总需求下降，所有车、船和飞机的运输能力可能都过剩了，因此使用这些载运工具的机会成本也下降，结果必然导致运价水平降低。这说明，载运工具市场上的供求是否平衡对正在分析的这类运输市场具有重要性。

在移动载运工具经营者生存的运输市场上，运价确有可能是不稳定的。在运输能力过剩的时期，经营者虽然可以使运价的收入等于其经营的机会成本，但却可能保证不了通过经营收入偿还其债务。

没有什么理论可以用来保证人们在这类可竞争的运输市场上永远获得利润，相反地，在运输能力过剩时期让经营者亏损在经济学上讲倒是有效率的。但这一道理却并不是所有的人都能明白，甚至有些政策和法律的制定竟也与此背道而驰。总之从经济学上看，对于这些不拥有固定设施的运输服务经营者，不必担心他们具有过大的市场价格操纵力量。

（三）拥有部分固定设施的运输经营者

1. 行业的范围经济

在讨论过完全上下合一的运输经营者与不拥有固定设施的运输经营者，和他们分别在运输市场上所可能具有的市场势力或所必须面对的竞争压力之后，很自然地，人们会关心处在这两个极端之间那些具有部分上下分离特征的运输经营者，像零担公路货运、航空定期航班和海运集装箱定期航线等，它们的市场结构应该是怎样的。

对于完全上下分离的运输经营者，由于他们并不拥有固定基础设施，因此那些运输业者可以很方便地将他们的载运工具转移到任何有市场需求的地方去。但对于那些拥有一定但并不是全部固定基础设施的运输经营者。在候机登机和飞机固定维护设施等方面投资较多的航空公司，以及在集装箱专用码头及设施方面投资较多的海运公司也有类似的情况，尽管它们也不需要同时拥有机场的跑道和空中指挥系统或整个港口。这些运输经营者也因此必须面对典型与固定设施有关的财务或经营问题：投资的沉没性、能力增长的突变性、服务对象的普遍性以及为有效利用固定设施而制定价格等等。

固定运输设施能力扩张的突变性产生了一种需要，即这些设施最好由多种客流或货流同时利用，否则设施的利用效率在大多数时间都可能会很低，除非存在着某一种数量很大的客流或货流，大到足以支持在某一个运输通道上实现直接的点点直达运输。这种由多种交通流共用固定设施所产生的经济性，与大型移动载运设备所具有的经济性相结合，就是运输业网络经济存在的基础。在讨论运输成本的时候已经了解到，能够把多个运输市场，即把多种客流或货流在其运营网络上较好地结合在一起的运输企业，往往可以比单纯提供点点直达服务的运输企业效率更高、成本更低。一般来说，只要其中转枢纽的处理能力足够，具有较大运营网络的运输企业就可以较高的频率为客户提供服务，也可以实现较高的运输设备实载率，而这常常是运输经营低成本高效益的必要条件。因此，这一类运输经营者可以较明显地利用运输业的规模经济和范围经济。

2. 航空公司的市场势力

对于那些部分上下分离的运输经营者而言，他们提供的一般都是定期服务，而定期服务是最典型的公共运输服务，因为它的服务对象具有普遍性，包括各种类别的使用者。由于不同类别的使用者所引起的机会成本不一样，因此在价格的制定上也有可能通过这些机会成本的差别去制定，或者采用互不补贴定价原理。从理论上说，如果所有的乘客都对起飞时间不是那么苛求，能够调整到大家都接受的时间上，那么航空公司就可以取消定期航班，所有的航班都可以改成包机飞行，并且做到100%的实载率。很显然，这种全部包机飞行的运营成本肯定会大大低于目前固定航班的运营方式，而且实际上具有最适当频率、最合适机型和较高客座率的轴辐式航线系统，对全部是包机飞行的运营根本没有意义，因为这时候所有的乘客根本都不需要中转，所有的飞行也都可以使用最大和最有效率的机型。运营成本较高的定期航班是为满足那些时间要求严格的乘客才设计出来的，而这些乘客主要是公务旅行人员，他们愿意支付较高的票价。在这种情况下，如果定期航班所有乘客的票价相同，旅游者就会认为价格过高因而放弃旅行或选择其他运输方式，而没有足够的客座率，定期航班也无法维持。让定期航班能够实现的办法就是对这两类乘客实行不同的票价，公务旅行者付高价使用公务舱，一般乘客则持低价票使用经济舱，于是互不补贴定价原理在这里就有效地实行了。这种定价方法使经济舱乘客在提高飞机客座率的同时，又不致让公务旅行者买不到所需航班的机票，因为定期航班毕竟首先是要为这些时间价值较高的乘客提供方便的。

航空客运可能是做到了把市场划分最细的行业。定期航班票价的复杂性是以不同乘客对时间要求的严格与否，和他们的旅行机会成本为基础的，但由于航空业并不属于可竞争程度很大的市场结构，因此不排除航空公司利用其所拥有的市场操纵力使票价高于相应机会成本的实际水平，以增加运营所得。

3. 公路零担货运公司的市场实力

公路零担货运与大多数航空公司很相似，也提供定期服务，一般是地区性的业务保证第二天送到，长途货物则保证隔日或三天内送到。为了提供这种定期服务，零担运输公司显然每天都必须派出足够的车辆上路，而不论在任何一条线路上是否满载。显然，对于业务量较大的零担运输公司，车辆的实载率就会较高，运营成本就可能较低，它们甚至有能力把服务延伸到比较偏远的地区，以便为自己的经营网络收集到更多的货源；而对于较小规模的公司，它们在较低车辆实载率的地区维持经营就很困难。零担货运公司之间这种基于运营网络经济性的竞争，使得小型公司较难生存。

零担运输的客户不像航空客运可以分为公务旅行者和旅游者，然而由于货主托运批量大小的差异，零担运输公司可以通过公布运价表与折扣谈判相结合的方式实行区别运价，主要是给托运量大的货主提供优惠。但零担运输公司很难把一辆卡车的全程成本都转移到其中某一件或少数几件货物的运费中去，因此互不补贴定价在这里的使用受到很大限制。可以认为，公路零担运输公司主导市场的能力是比较小的，原因是货主往往有比较多的选择可能性，有些货主可以把货物累积到足以雇用整车服务，更多的货主甚至选择购买自备车辆自我服务，此外运输市场上还有很多货运代理商或经纪人可以为货主提供帮助，所以托运人被运输公司彻底俘获的机遇不多。这样，尽管公路零担运输正处在不断集中化的过程中，但由于存在外部竞争，因此似乎并没有特别多要求由政府严加控制的社会压力。

对不同使用者收取不同水平的运价，不能作为判别垄断或具有市场操纵能力的依据，那只不过是根据不同机会成本定价的结果。在定期运输服务市场中，做出这种判断的最简单标准是经营者减少服务的频率。服务频率同时也是运输质量的一个重要指标，服务频率高乘客选择航班的余地就大，等候时间也短，把服务频率降低就会使乘客失去这些方便，买不到机票或一旦误机时会更多地误事，因此乘客旅行的机会成本提高，而且前面也分析过飞机载客率过高给乘客带来的不便和不适。如果市场上是有竞争的，航空公司一般不敢使用这样的手段，因为这会给竞争者创造机会，失去自己的市场份额。所以在大多数情况下，判断航空客运市场存在市场操纵行为的标志就是：高的票价、高的飞机客座率和低的航班频率。在其他定期运输服务市场上，人们也很容易发现类似的现象。除了降低服务频率，航空公司还会采取其他一些操纵需求的策略来增加自己的赢利。培养和扩大忠诚乘客的策略是实行所谓的"常旅客计划"。实行这种策略的航空公司会在乘客乘满若干里程该公司的航班后给予一张免费机票的奖励，而为了获得这种奖励，乘客就需要不断地选择这同一家公司的航班。那些建立了庞大的轴辐式运营体系的大航空公司更有利于实行"里程累积"，因为它们已经形成了覆盖国际与国内、干线与支线的网络，可以把乘客网在里面。这里还随之产生了另外一个委托—代理问题，对于公务旅行者来说，支付机票费的委托者是其所在的机构，委托者当然希望差旅费尽可能廉价；但作为代理人的出差者却希望选择提供"常旅客计划"最容易的航空公司，以便获得额外的免费机票，但那些需要付钱的机票却往往不是最便宜的。由于小的和新进入的航空公司在提供"常旅客计划"上没有优势，因此这实际上也增加了其他竞争者进入市场的难度。

第三节　运输市场中的交易成本

一、交易成本概述

（一）交易成本的概念

交易成本又称交易费用，它是与一般的生产成本"人—自然界"关系成本是相对应概念。所谓交易成本，就是在一定的社会关系中，人们自愿交往、彼此合作达成交易所支付的成本，也即"人—人"关系成本。正如在现实的物理世界中运动总是要有摩擦一样，在现实的经济世界中交易总是要有交易成本的。可以这么说，有人类的交易活动，就会有交易成本，它是人类社会生活中一个不可分割的组成部分。

（二）交易成本的分类

由于交易成本泛指所有为促成交易发生而形成的成本，因此很难进行明确的界定与列举。但通常，可以将交易成本分为事前与事后两大类。

1. 事前成本

搜寻信息的成本。寻找最适合的交易的对象，查询所能提供的服务与产品所需要支付的成本。

协商与决策成本。交易双方为达成交易所做之议价、协商、谈判并做出决策所产生的成本。由于交易双方的不信任及有限理性，常需耗费大量协商与谈判成本。

契约成本。当交易双方达成协议准备进行交易时，通常会订契约，并对契约内容进行磋商所产生的成本即为契约成本。

2. 事后成本

监督成本交易双方订契约之后，为了预防对方由于投机主义产生违背契约的行为，故在订契约之后，会在执行过程中相互监督所产生的成本即为监督成本。

执行成本契约订定之后，交易双方相互进行必要的检验以确定对方确实遵守契约，当对方违背契约时，强制对方履行契约的成本，即为执行成本。

转换成本当交易双方完成交易之后，可能持续进行交易。此时若有一方更换交易对象，所产生的成本即为转换成本。

（三）交易成本产生的原因

交易成本来自人性因素与交易环境因素的交互影响，其产生的原因主要有以下几点。

（1）风险与不确定性：指交易过程中各种风险的发生概率。现实中充满不可预期性和各种变化，由于人类有限理性的限制，使得面对未来的情况时人们无法完全事先预测。加上交易过程买卖双方常发生交易信息不对称的情形，交易双方因此会将未来的不确定性及复杂性纳入契约中，通过契约来保障自身的利益。因此，交易不确定性的升高会导致监督成本、议价成本的提升，使交易成本增加。

（2）有限理性：指交易进行参与的人，因为身心、智能、情绪等限制，在追求效益极大化时所产生的限制约束。

（3）机会主义：是指人们对自我利益的考虑和追求，即人具有随机应变、投机取巧、为自己谋取更大利益的行为倾向。参与交易进行的各方为寻求自我利益而采取的欺诈手法，同时增加彼此不信任与怀疑，因而导致交易过程监督成本的增加。

（4）信息不对称：因为环境的不确定性和自利行为产生的机会主义，交易双方往往握有不同程度的信息，使得市场的先占者拥有较多的有利信息而获益，并形成少数交易。

（5）资产专用性：指交易所投资的资产本身不具市场流通性，或者契约一旦终止，投资于资产上的成本难以回收或转换使用用途，称之为资产的专用性。资产专用性可以分为五类：地点的专用性；有形资产用途的专用性；人力资产专用性；奉献性资产的专用性；品牌资产的专用性。

（6）交易的频率：交易的频率越高，相对的管理成本与议价成本也升高。交易频率的升高使得企业会将该交易的经济活动内部化以节省交易成本。

（7）气氛：指交易双方若互不信任，且又处于对立立场，无法营造一个令人满意的交易关系，将使得交易过程过于重视形式，徒增不必要的交易困难及成本。

二、风险与不确定性

在分析运输市场时，假定的是成本和需求已知，并且每个企业都可以预见其他企业将会如何行动。但在现实生活中，商业活动都充满了风险与不确定性。理论上，所有的企业都会发现产品价格每月都在波动；劳动、土地、设备和燃料等投入品的价格常常有很高的不稳定性；竞争者的行为也很难提前预知。经济生活就是这样一些充满风险的交易。

面对风险，一般说来，人们更喜欢做有把握的事情，人们总是想要避开风险和不确定性。若一个人为损失一定量的收入而产生的痛苦大于他为得到同等数量的收入而产生的满足感，他就是一个风险规避者。从消费者的角度，在同样的平均值条件下人们宁愿选择不确定性小的结果，由于这个原因，降低消费不确定性的活动能够导致经济福利的改善。

尽管风险规避者都会努力避免风险，但风险并不会因此而被消除。当有人在汽车事故中丧生，或者台风席卷了港口之时，某些人必然要因此而付出某种代价。市场机制通过风险分摊来应付各种风险。这一过程就是将对一个人来说可能是很大的风险分摊给许多人，从而使每个人所承担的风险降到很小。

风险分摊的主要形式是一种方向相反的赌博形式——保险。保险是将风险从风险规避者或风险较大者的一方，转移到风险偏好者或较容易承担风险的一方。另一种分散风险的方式是经由资本市场来进行，这是因为，有形资本的资金所有权可以通过企业所有权这个媒介，将风险在很多的所有者之间进行分摊，并且能够提供比单个的所有者大得多的投资和承担大得多的风险。投资生产一种新型商业飞机就是这样的例子。这种飞机是全新设计的，包括研究与开发，可能需要为期10年、总额达到20亿美元的投资。然而，如此巨大的投入并不能确保这种飞机将会拥有足够的商业市场前景以补偿其投资。因此，几乎没有人愿意冒如此巨大的风险进行这样的投资。市场经济可以通过公众拥有公司的办法来完成这一巨大的任务。

三、有限理性与机会主义

（一）"契约人"假说

社会科学中的所有理论都直接或间接地包含着对人的行为的假设。其中，古典经济学的"经济人"假说无疑是十分理想化的。新古典经济学中，经济人的理性日益膨胀，逐步偏离了斯密关于"经济人"理性阐述的范畴；理性行为被看作是旨在发现达到最大化的最佳方案的选择行为，并进一步要求选择符合一系列的"理性公理"，特别是在数学化的一般均衡论和"主观期望效用理论"中，经济人获得了神一般的理性，而被戏称为"超级经济人"。正是由于此，与古典学派中相应的经济伦理观的不同，当代主流经济学中的伦理因素日益减少。特别是在经济学的数学化潮流中，经济人的非人化倾向已经成为主流。此刻，经济人的数学化形式使得经济学家的注意力离开交换契约中的个人行为，只去重视目的一工具的纯逻辑选择，甚至根本不把市场作为一种交换过程或制度看待，而把市场仅仅视为一种计算手段和机械结构。20 世纪中后期，越来越多的经济学家开始主张放弃人是"理性的效用最大化者"的观点，以恢复"实际的人"的显著特点。其中，比较有影响的概念包括契约人、政治人、等级人等等。交易成本经济学认为，实际社会中的人都是"契约人"，他们无不处于交易之中，并用明的或暗的契约来治理他们的交易。契约人的行为特征不同于经济人的理性行为，具体表现为"有限理性"和"机会主义行为"。

（二）有限理性

有限理性涉及人与环境的关系，是指人的行为"是有意识性的，但这种理性又是有限的"。有限理性包括两个方面的含义：一是环境是复杂的，在非个人交换形式中，人们面临的是一个复杂的、不确定的世界，而且交易越多，不确定性就越大，信息也越不完全；二是人对环境的认识能力和计算能力是有限的，人不可能无所不知。

在此，有必要讨论"有限理性"与"不完全信息"的关系。一种观点认为，所谓的有限理性可以归结为不完全信息，即只要愿意支付足够高的信息成本，人的理性就可以是无限的。但实际上，且不论信息的获取成本有时将非常高昂，真正的问题不在于是否有信息，而在于人们有限的大脑能够"加工"多少信息。这里存在一个信息悖论，即信息的搜寻不可能达到最佳状态，因为人们在获得信息之前无法确定信息的价值。但是，一旦人们了解了信息的价值，事实上他已经无成本地获得了这一信息。此外，太多的信息与太少的信息可能同样是不理想的。

在现实世界中，信息不仅具有不完全的特征，而且还具有不对称的特征。所谓不对称，是指交易双方对交易品所拥有的信息量不对等。

（三）机会主义

广义上人的机会主义行为倾向具有二重性，一方面，机会主义动机或行为往往与冒风险、寻找机遇、创新等现象有一定的联系，从这个意义上说机会主义的对立面是保持现状；另一方面，机会主义又会对他人造成一定的危害，如机会主义者有时把自己的成本或费用转嫁给他人，从而对他人造成侵害，从这个方面看，机会主义行为也是一种损人利己的行为。损人利己的行为又可以分为两类：一类是在追求私利的时候，"附带地"损害了他人的利益；另一类损人利己的行为则纯粹是人为的、故意地以损人为手段来为自己牟利，其典型的例子是偷窃和诈骗。而用经济学术语来定义，所谓人的机会主义倾向是指在非均衡市场上，人们追求收益内在、成本外化的逃避经济责任的行为。机会主义的具体表现主要有：

1. 基于信息不对称的"道德风险"和"逆向选择"行为

完全信息是西方经济的基本微观假设之一，也即是说，一堆理论都是在完全信息的假设基础之上的。而现实生活中，信息常常是不完全的，即实际生活中人们的抉择常常不能包含或者无法包含市场的全部信息。

所谓信息不对称，是指市场交易的各方所拥有的信息不对等，买卖双方所掌握的商品或服务的价格、质量等信息不相同，即一方比另一方占有较多的相关信息，处于信息优势地位，而另一方则处于信息劣势地位。在各种交易市场上，都不同程度地存在着信息不对称问题。正常情况下，尽管存在信息不对称，但根据通常所拥有的市场信息也足以保证产品和服务的生产与销售有效进行；在另一些情况下，信息不对称却可能导致市场失灵。在信息不对称的情况下，人们可能有不完全如实地披露所有的信息及从事其他损人利己行为的倾向。信息不对称引起的机会主义行为倾向，可以分为事前机会主义行为和事后机会主义行为。

事前机会主义行为是指交易各方在签约时利用签约之前的信息不对称或隐蔽信息，交易的一方掌握着交易的某些特性，而另一方却在此无法观察或试验，在交易完成后，此种信息不利因素即不复存在。在这种条件下，掌握私有信息的一方就会利用对方的信息弱势故意扭曲事实真相、迷惑他人和浑水摸鱼，为自己谋取利益。这又被称为"逆向选择"。

事后机会主义则是指即便在交易完成后，交易一方所具有的信息少于另一方的情况依然存在，交易方得以在签约之后利用信息不对称与信息优势，通过减少自己的要素投入或采取机会主义行为，违背合同，利用制度、政策及合同的空子，采取隐蔽行动的方法以达到自我效用最大化而影响组织效率的道德因素，因为交易的一方因观察监督困难无法观察另一方的行为，或因成本太高根本无法监督对方的行为。这通常被称作"道德风险"。

基于信息问题的两种机会主义行为，都造成了效率的损失。一方想要识别另一方的隐蔽行动与隐蔽信息并不是不可能的，但需要在收集信息、进行检查和监督所需要的相应成本与所获得的相应收益之间进行权衡。这种对检查监督活动本身成本收益的计量说明组织与合作中的"逆向选择"与"道德风险"会或多或少地始终存在。

2. 基于集体行动的"搭便车"行为

集体行动的难题，即"搭便车"也是一种机会主义行为，搭便车指的是即使个人未支付费用，他也享受到了团体所提供的服务，在协作性交易当中表现为个人某种形式的"偷懒"却获得相同的报酬。当产出的物品带有集体物品或公共物品性质时，搭便车现象尤其严重。个人理性造成了集体或合作方的外部负效应，使集团利益的激励不足，导致行为人的激励弱化，却为搭便车者提供了偷懒的激励。

公共物品的非排他性使得通过市场交换获得公共产品的利益这种机制失灵。对于红绿灯提供者而言，他必须能够把那些不付钱而享受红绿灯的人排除在消费之外，否则他将无法弥补生产成本。而对于一个消费者而言，由于公共产品的非排他性，公共产品一旦生产出来，每一个消费者都可以不支付就获得消费的权力，每一个消费者都可以搭便车。消费者这种行为意味着生产公共产品的厂商很有可能得不到弥补生产成本的收益，在长期中，厂商不会提供这种物品，这使得公共物品很难由市场提供。

第三章 运 输 成 本

第一节 运输成本概述

一、运输成本的概念

运输成本是指运输企业在运输过程中所发生的各种消耗和费用，如职工工资、燃料、电力、运输工具折旧、维修、管理费等，这些费用的总和构成了运输总成本。运输成本往往又以某种运输方式单位产品的营运支出来表示，称为单位运输成本。

运输成本是一个重要的综合性的质量指标，它能比较全面地反映运输企业生产技术和经营管理水平。运量的增减、劳动生产率的高低、技术设备的改善及其利用程度的好坏，以及材料、燃料、电力的消耗水平等，最终都会在运输成本上反映出来。因此，运输成本在运输企业生产和经营管理中具有重要作用。

运输成本是运输企业维持简单再生产所需资金的主要保证。安排好各种维修、养护费用开支，对运输设备的运用与维修养护，完成运输任务和提高设备质量，保证运输安全等有重要作用。

运输成本是反映运输过程消耗及其补偿的重要尺度。运输成本说明运输企业生产耗费的多少，只有当运输收入至少能弥补运输成本的情况下，运输企业才能收回在生产中所消耗的资金，保证再生产得以顺利进行，并进而取得利润，为扩大再生产创造条件。

运输成本是制定和调整运价的重要依据。只有在运输成本的基础上加上适当的盈利，按照国家的运价政策，才能制定出大体上符合运输价值和价格政策的运价。

运输成本是进行技术经济分析、评价经济效果和进行决策的重要依据，也是进行各种运输方式运量分配和合理调整生产力布局的重要因素。

运输成本也是考核和改善企业经营管理水平的有力杠杆。

二、运输成本的特点

由于运输业在生产和组织管理上有着不同于工业的特点，反映在运输成本上也有区别于一般工业产品成本的特点。

（一）从成本计算对象和计算单位看

一般工业企业成本是对原材料进行加工后完成的产品成本，它是分别按产品品种、类别或某批产品来计算的。就运输业而言，其产品是旅客和货物位移，运输成本的计算对象是旅客和货物的位移两大类产品，或把客货运输综合在一起的换算产品成本。至于运输成本的计算单位也不同于一般工业企业成本。虽然企业运送的是旅客和货物，但运输成本却不能只按运送的旅客人数和货物吨数计算。而是采用运输数量和运输距离的复合计量单位。即按旅客人千米、货物吨千米或换算吨千米计算。这是因为运输距离不同所消耗的费用也不同，只用旅客人数和货物吨数就不能反映运输生产量和消耗水平。

（二）从成本构成内容看

一般工业产品成本中构成产品实体的原材料消耗占较大比重，而运输业的产品不具有实物形态，运输成本中没有构成产品实体的原材料支出，所发生的材料费用主要用于运输设备的运用、保养和修理方面，相对来说所占比重不大。在运输成本中，占比重最大的支出是固定资产折旧费，约占全部成本的1/3，其次是燃料费和工资。这和工业产品成本构成显然是不同的。

（三）从成本计算类别看

工业企业要分别计算生产成本和全部成本，而运输产品不能脱离生产过程单独存在，其生产过程和消费过程是结合在一起的，边生产边消费。因此，运输成本没有生产成本和全部成本之分，也没有产品、半成品与产成品成本的区别，运输成本只计算其完全成本。但是，由于运输种类很多，运送条件各异，如旅客乘坐不同种类列车、客车或轮船，其运输成本是不相同的，而不同种类货物在不同运输距离上的运输成本也不相同，不同线路或道路和不同方向的运输成本也存在差别。因此，运输业虽然只有客、货运两大类产品，但细致划分的运输成本计算对象却是很复杂的。为此，除了有一般条件下定期成本计算以外，为了给解决某些具体经济问题提供成本数据，运输业还有具体条件下非定期的成本计算。

（四）从成本与产品数量的关系看

工业生产过程中耗费的多少，与完成的产品数量直接相联系。而运输生产则有所不同，尽管它的生产成果是所完成的运量和周转量，其费用又体现在以吨（人）千米为计量单位的劳动消耗上，但其生产耗费的多少，主要取决于车船运行距离的长短，而不是取决于完成周转量的多少。而车船运行中有空驶存在，完成的周转量与实际的运输消耗不完全是一回事；如果有较大的空驶存在，虽然完成的周转量不多，但消耗却很大。

三、运输成本的分类

在实际运输生产中发生的各项运输支出的具体项目是多种多样的，为了概括分析和掌握运输成本的构成情况，正确计算和分析运输成本，可从不同角度对各项运输支出进行分类。通过分类可以考察各类支出在运输成本中所占比重，分析其构成。

（一）按费用要素分类

按费用要素不同，运输成本分为工资、材料、燃料、电力、折旧和其他。

工资指运输业运营人员、管理及服务人员的标准工资、基础工资、职务工资、附加工资、计件工资、加班工资、各种奖金、各种津贴及其他工资等。材料指运输生产过程和管理服务工作耗用的材料、配件、润滑油脂、工具、备品、劳保用品、清扫及照明材料等。燃料指供运输机械运营、生产、取暖和烧水用燃料。电力主要体现在铁路运输中，是指支付铁路发、配、变电厂及路外单位的电力机车牵引用电力和其他电力费。折旧指按规定提取的基本折旧费和修理提成费。其他指不属于以上各要素开支的费用，如福利费、集中费、差旅费、邮电费、租赁费、按规定支付的客货运事故赔偿费和支付附属企业及其他单位的劳务费等。

以上要素是按支出的经济性质或经济内容划分的，这样划分可以了解各项要素费用所占的比重情况，分析运输成本构成变化，同时也便于计算国民收入。当然，随着生产的发展和管理制度的改革，各项费用要素的比重也会有所变化。

（二）按经济用途分类

运输企业设置成本科目和项目，首先是以按用途分类为基础的。"其他业务支出"总分类账户下则设置"旅客服务""船舶出租""外轮理货""短途运输"等项目，也是根据用途分类设置的。

以上划分往往结合成本管理对核算的要求，与生产组织的有关部门相对应，便于实行成本管理责任制和加强定额管理。

（三）按支出与生产过程的关系分类

按支出与生产过程的关系，运输成本可分为生产费用与管理费用。

生产费用是运输生产过程所发生的全部费用，它又分为基本生产费用和一般生产费用两种。前者指运输生产过程中运营、维修直接发生的费用，如办理客货运输业务费用、企业的车辆费用和船舶费用、运输机械设备维修费用等，以及燃料费、材料费、维修费等；后者是指为基本运输生产服务的辅助生产费用，如生产工具备品和劳动保护费等。管理费用则是指组织和管理运输生产而发生的各种费用，如管理及服务人员工资、办公费、差旅费等。

以上划分的目的是按不同用途分别掌握各类费用。一般来说，生产费用特别是基本生产费用占运输成本的比重较大。在节约支出的原则下，对基本生产费用要尽量予以保证，以利于生产。对管理费用则要严格控制和尽量压缩，促使企业不断提高经营管理水平。

四、各种运输方式的运输成本的构成

各种运输方式的运输成本是根据每种运输方式在生产过程中所消耗的各种费用构成的。由于各种运输方式的特点不同，运输成本的组成项目不一定相同，各种费用在总成本中所占的比例也不一样，所以各种运输方式的成本构成也不一致。

铁路运输成本是综合机务、车辆、车站等直接从事运输生产的单位发生的各种费用来进行计算的，各项费用包括员工工资、材料、燃料、物料、电力、固定资产折旧和管理费用等。

水路运输成本分为三大类：水路运输固定设施成本、水路运输移动载运工具成本和水路运输运营成本。水路运输的固定设施成本包括航道和港口起初的投资建设成本，航道和港口使用寿命内所需要的养护及维修等项使用成本，与投资相比，航道和港口的养护、维修及使用费用比较少。水路运输的运营成本包括船舶经营成本、设备折旧费、航次费用和货物费用。其中船舶经营成本和设备折旧费为固定成本，航次费用和货物费用为变动成本。船舶经营成本包括：船员工资、加班费、伙食费、社会保安费、旅游费、保险费、修理与维持费、船舶物料及杂项费用。航次费用是船舶在航次运行中所发生的费用，内容包

括燃料费、港口及运河费、货物费、客运费、垫舱材料费、事故损失和其他。

公路运输成本分为车辆费用和企业管理费两大类。车辆费用包括工资及福利费、燃料费、轮胎费、营运车辆保修费、大修理计提、折旧费等。

由于各种运输方式的技术经济特性不同，营运工作条件不同，各项费用在总费用中所占比重也各不相同。在铁道运输成本中，铁路线路的维修费包括在成本内，内河运输成本中则不包括航道的维护费。在铁路成本中，工资的比重较大，这是因为铁路运输中除了有庞大的

运输组织工作人员外，还有线路维修、线路建筑物维修和机车车辆维修人员；水运则不计航道和航标工作人员，工资支出所占比重相对比铁路较小；公路运输只计司机及助手的工资，服务和管理人员的工资计入管理费用，工资在运输成本中的比重则较小。

五、影响运输成本的因素

（一）运输成本与运输距离的关系——运费率递减律模型

各种运输方式的运输成本与运输距离是有密切关系的。这里主要是指运费率递减律对所有运输方式都适用。所谓运费率递减律，指的是同样重量的货物，其运价虽然会随距离的增大而增加，但这种增加不是成比例的。随着运输距离的增大，按吨千米计算的运费率会相应地逐步下降。这是因为每一种运输方式的运输成本均可分解为站场费用与路途费用两大项。其中站场费用是不会随货物运输距离的不同而变化的。站场费用包括货物由货源地运到发运站的运费和装卸费、货物从到达站运到收货单位的运费和装卸费、站场固定资产的折旧费、站场的经营管理费、货物在站场停放期间的仓储费等。这项费用的大小只和托运货物的体积、重量等有关，而与货物的运输距离无关。而路途费用则不同，它包括运输工具的折旧费、修路费、航修费、管理修理费、运行途中动力与劳动消耗费用等。这些费用的大小是和货物运输距离成正比的。路途费用也不是严格地随着运输距离的增大而成比例增长的。运输公司通常对长距离运输多实行"薄利多销"政策，对运输距离愈长的货物收费愈低。

（二）运输成本与运输量的关系

各种运输方式所能完成的货物运输吨千米数，也影响着运输成本的水平。运输费用总支出可以分成两部分：一部分是与运量有关的，随运量的增长而增加的费用，称为可变费

用；另一部分是与运量无关的，不随运量的增长而变化的费用，称为固定费用或不变费用。铁路、公路运输费用总支出也可以同样分成这两块。

（三）运载率

运载率包括装载率和运输密度。

装载率也称装载系数，即实际装载量与额定装载量的比值。它对运输成本有极大的影响。无论是汽车、火车、轮船还是飞机，从半载到满载的运输总成本增加非常有限：固定成本不会增加；运行成本中人工费和维修费不会增加；燃料费中设备自重通常占有相当的比重，实际增加比例也远远小于装载比例。在距离和运输密度已定的情况下，运输成本随运输设备的装载率的增加而减小。显然，各种运输工具都具有满载效益，即装载率越高，平均运输成本就越低，运输企业的利润也就越大。因此，只有装载率还不行，还必须有一定的运输密度，"多拉快跑"才能创造新效益。

在运输经济学中有密度经济的概念，其定义是：运输网内提高运输量能够导致单位运输成本的下降。密度经济也可以被描述为运输网经济。密度经济来自运输资源共享造成的节约，或者说是因运输网的交通量增加而效益成倍提高时，相应运输服务需要的所有资源投入。过高的运输量可能导致运输的密度经济耗尽甚至走向反面，这时，运输网外的经营反而成为比较便宜的运输经营方式。

第二节　各种运输方式成本比较与分析

一、各种运输方式的特点及其对成本的影响

（一）铁路

在铁路运输中，铁路线路、桥梁、隧道、站场、货场、通信、信号、机车、车辆等固定运输设备较多，这方面消耗的支出也相应较多，因此在铁路运输成本中与运量无关的固定成本所占比重也较大。在变动成本不变的前提下，当运输密度增加时，铁路运输成本降低得多。运输密度大小对运输成本影响决定着不同运输方式的合理分工。铁路运输成本受运输密度影响较大，因而铁路适合承担客、货运较繁忙的中、长距离的旅客运输和大宗货

物运输。

铁路运输可以采用内燃机车或电力机车牵引，采用不同的牵引动力或两种牵引方式所占比重不同，直接影响铁路平均运输成本的水平。另外，使用不同类型或载重量不同的车辆。对铁路运输成本也有一定的影响。如使用保温车或油罐车成本较高，而敞车成本则较低。

铁路运输的作业过程。同其他运输方式的作业过程一样，包括在始发地的发送作业、在途中的运行作业和到达目的地的到达作业。铁路运输在发到站有承运、装卸车、取送车、交付等作业，在运行过程中有会让、越行、中转解体、编组等较为复杂的作业。因此其始发、到达作业成本所占比重较低，而中转作业成本则相对较高。由于始发、到达作业成本与运距无关，因而运距越长，成本相应越低。运距变化对成本的影响同样决定着不同运输方式的合理分工。

铁路运输具有高度经常性，不分昼夜与季节，是连续不间断的运输，故其成本较低。当然，各铁路局、各条线路的成本也因所在地区的地形和气候条件影响而有所差异。

（二）公路

公路运输是我国最重要和最普遍的短途运输方式，尤其近年来，随着汽车工业的发展，无论客运量还是货运量均有大幅度上升，其平均运程也逐渐增加。

汽车运输企业一般归地方各级交通部门管理，运输活动比较分散。汽车运输企业类型相应较为复杂，从经营性质上看，除地方国有的运输企业外，还有相当数量的集体所有制、民营运输企业，以及大量机关、企事业单位的汽车参加社会运输，另外，粮食部门、商业外贸部门、石油部门、建筑部门及一些大的厂矿企业都有自己的汽车运输公司。从经营的业务看，有专营旅客运输的，有专营货物运输的，同时也有兼营客、货运输的汽车运输企业。从运营范围来看，有专门的城市汽车运输企业，也有在一定区域内城市之间经营客、货运输业务企业。这些企业规模大小悬殊，在生产和管理组织上各具特点。在成本核算上，一些小型企业由公司一级核算，一般的汽车运输企业实行车队和公司二级核算，有些大型企业则实行车队、车场和公司三级核算。由于汽车运输行驶的公路是由各部门、各企事业单位和个人共同使用的，所以它不归汽车运输企业管理和维修，而由单设的公路管理部门管理。另外，大中型汽车运输企业都设有装卸和汽车修理等辅助生产部门，其成本是单独核算的。

汽车运输需要消耗大量燃料，故燃料费在汽车运输的成本中所占比重较大。若降低了

汽车的燃料消耗，则汽车运输成本也会随之下降。当然，汽车使用汽油、柴油或新能源，其成本有较大差别。另外，采用不同车型或载重量的汽车进行运输。其成本也不同。

由于汽车载重量较小，发到作业所需时间不多，故始发、到达作业成本比重很小。因此。运距长短对汽车运输的成本影响不太大，短途运输成为公路运输最明显的优势。

汽车运输受地形和路况条件限制较大，同时也受气候的影响。其经常性比铁路要差。这也是影响公路汽车运输成本的因素之一。

（三）水运

水运包括河运和海运。水运是利用天然水域运输的，其固定成本所占比重比之铁路小，而较之公路大，主要包括航道、港口、船舶费用等。

水运企业从经济性质上看，有国有、集体、民营之分；从管理体制上看，一般海运企业和港口企业是分开的，内河港埠有的属于内河运输企业，有的也分开。因此，水运成本区分为船舶运输成本和港口业务成本，其中港口业务成本主要是装卸成本。水运企业中，由于航行区域不同，航行条件各异，故内河、沿海及远洋运输企业分别设立，其成本也分别核算。此外，交通部直属水运企业和各级地方所属水运企业分别管理，其成本也分别核算。由于水运航道是利用河流、湖泊或海洋，在航道上有不同部门和企事业单位的船舶航行，包括军用船舶在内；有些内河与湖泊又与水利、发电等工程结合在一起，因此，内河航道和海上灯塔、港口设施也是专设机构管理，其设备维修等费用不直接计入水运成本中，而是由运输企业支付一定的养河费和港口费列入成本。

水运船舶可采用蒸汽或内燃做动力，采用不同的动力装置，水运成本也不同。另外，出于水运航道条件的复杂性等原因，使得各种船舶载重量大小相差悬殊，一般载重量大的比载重量小的船舶成本低。

由于水运船舶载重量比其他运输工具大，而且港口装卸条件比较复杂，而船舶在运行过程中的途中作业较少，可以不间断地连续航行，故水运的始发、到达作业成本所占比重较之其他运输方式是最大的。因此，距离越长，水运成本降低越多，越能显示出水运的优越性。海运和河运的成本是不同的，海运因船舶载重量大，港口停泊费用高，更适宜于远距离运输。海运成本在各种运输方式的成本中是最低的。

水运受自然形成的河流、海域影响较大，无法形成全国性的水运网，其经常性较差。有些地区的内河航道和港口受水位的季节变化和气候影响较大，有一定的通航限制。这些都直接影响其成本的高低。

（四）民航

航空运输有其最突出的运营优点，就是不完全受天然和地理条件限制，可以跨越各种天然障碍。在航空运输中，所需机场、飞机、地勤设备等固定设备不多，但其造价极高，故其固定成本所占比重较大。运距越远，越可体现航空运输的优越性。航空运输能量消耗很大。故燃料费在其成本中占较大比重。在航空运输作业成本中，中转作业成本所占比重较小，而始发、到达作业成本则相对较大。

采用不同的机型，航空运输的成本有所不同，即便是同种机型，因载重量不同，其成本大小仍然有别；不同的航线，其成本也是不同的；另外，各种专业飞行项目的航空运输成本是有差异的。航空运输易受到气候影响，其经常性较差，这也是影响其成本的因素之一。

航空运输载重量小，成本高。但速度快，故而适宜发展边远地区、高档外贸和急需物资的运输。

（五）管道

管道运输目前已成为陆上石油、天然气运输的主要方式。在管道运输成本中，固定设备费用占比重很大，而这些费用和管道输送量关系不大，只有当达到一定输送量时，利用管道运输才是经济的。管道运输始发、到达作业成本所占比重很小，故输油距离和输油成本的关系不大。

管道运输不仅运输量大、连续、迅速、经济、安全、可靠、平稳以及投资少、占地少、费用低，并可实现自动控制。除广泛用于石油、天然气的长距离运输外，还可运输矿石、煤炭、建材、化学品和粮食等。管道运输可省去水运或陆运的中转坏节，缩短运输周期，降低运输成本，提高运输效率。当前管道运输的发展趋势是：管道的口径不断增大，运输能力大幅度提高；管道的运距迅速增加；运输物资由石油、天然气、化工产品等流体逐渐扩展到煤炭、矿石等非流体。

二、各种运输方式成本的比较

（一）各种运输方式的平均成本水平

各种运输方式的平均成本水平是不同的。各种运输方式的平均成本相比较，以水运企业中海运单位成本为最低，与之相反，民航运输企业的平均成本远远高于其他运输方式的平均成本。同时可以看到，陆路运输中，铁路仍占有较大优势，无论客、货运成本，都较之公路低，尤其货运成本，公路比铁路要高不少。至于管道运输平均成本，与铁路货运平均成本相比稍低，而比铁路用罐车运送石油的成本要低得多。

各种运输方式的成本水平不同，是受多方面因素影响的，其中最主要的因素之一就是该运输方式的成本中各项费用的构成，即成本结构。因此，需要进一步分析各种运输方式的成本结构特点。

（二）各种运输方式的成本结构

成本结构一般用各项费用要素在成本中所占比重表示，各种运输方式所消耗的劳动力、燃料、材料、动力以及购置的固定资产各异，从而形成了不同的成本结构。

1. 铁路

在铁路运输成本中，折旧所占比重最大，将近达到 40%，因为铁路占用固定资产较多，其中线路设备就占全路运输固定资产价值的一半以上。其次工资也占较大比重，这是因为铁路消耗人力较多。再次是燃料费，主要是内燃机车用油。相对来讲，材料、电力、其他所占比重较小。当然，随着生产技术发展和经营管理的改善，各项要素费用所占比重也将会有所变化。

2. 公路

公路运输成本大致由以下几项费用构成：

①工资：按规定向企业职工支付的工资。

②职工福利费：按工资总额提取的用于职工福利的费用。

③燃料：营运车辆消耗的各种燃油的支出。

④轮胎：营运车辆运行耗用的外胎、内胎、垫带费用以及轮胎翻修费和零星修补费。

⑤修理：用于车辆各项修理的费用支出。

⑥折旧：营运车辆按规定提取的折旧费。

⑦运输管理费：运输企业向运管部门缴纳的管理费用。

⑧税金：企业按国家税法规定的税种、税率向国家缴纳的款项。

⑨行车事故费：用于支付行车肇事的损失费用。

⑩其他：不属于上述内容的成本支出都归于此类。

把这几项运输成本分成五类：

①工费：包括工资、休假薪资和津贴等。

②设备费：包括设备购置、折旧、分期付款利息、零件、修理和轮胎等。

③燃料费。

④管理费：包括运输企业向运管部门缴纳的管理费用、保险费、税金及养路费等。

⑤其他费用：包括水、电、通信等各类杂费。

上述费用中，设备费和燃料费所占比例是比较大的；其次是管理费、工费和其他费用。

3. 水运

水运包括海运和河运。海运成本结构按成本项目划分为航次运行费用、船舶固定费用、集装箱固定费用、船舶租费和船队费用。航次运行费用、船舶固定费用、船舶租费共同构成船舶费用。河运成本结构按成本项目划分为船舶航行费用、船舶固定费用、船舶维护费用和港埠费用四部分。船舶航行费用和船舶固定费用共同构成船舶费用。在水运成本中，船舶费用占有相当大的比重，其他费用则相对较小。而且在船舶费用中，燃料费、折旧费、修理费所占比重较大。

4. 民航

民航运输企业的成本按费用要素划分为工资、航空油料消耗、折旧费、飞机保险费、维修费和其他费用等。其中航空油料消耗、折旧费所占比重较大，这与航空运输的特点是密切相关的。另外，维修费和其他费用也占一部分，但比重不大。

5. 管道

在管道运输的成本中，折旧费用所占比重最大，达到全部成本的一半以上。其次，电力和燃料消耗也占一定比重。其余部分工资、材料等费用所占比重不大。

三、运输成本分析

（一）运输生产与生产要素

运输生产是指对各种生产要素进行组合以生产出运输产品的行为。由于在生产中需要投入各种生产要素并生产出产品，所以，运输生产也就是把运输要素的投入变为产出的过程。

生产要素是指生产中所使用的各种资源，在经济学中，生产要素一般包括劳动、资本、技术、土地与企业家才能。劳动是指人类在生产过程中耗费的体力和智力的总和。土地不仅包括土地本身，还包括一切自然资源，如森林、矿藏、江河湖海等。资本可以是实物形态的资本，也可以是货币形态的资本。企业家才能指企业家组织建立和经营管理企业的能力。通过对生产要素的运用，生产企业可以提供实物产品，也可以提供无形产品，如各种服务。运输企业所提供的产品便是无形的服务。

（二）生产函数

生产要素的数量和组合同它所能生产出来的产量之间存在着一定的依存关系。生产函数正是表明在一定技术水平之下，生产要素的数量和某种组合与它所能生产出来的最大产量之间依存关系的函数。

（三）短期与长期的概念

短期指在此期间运输企业来不及调整全部生产要素的数量，或至少一种生产要素的数量在此期间内无法改变，如运输设备、场站。相应的，可以将短期中的生产要素分为不变要素与可变要素。那些在短期中投入数量无法改变的要素就是不变要素，投入数量可以改变的要素就是可变要素。

长期则指此期间内所有生产要素的投入量都可以变动的时期。在长期中所有的要素投入量都是可以变化的，因而没有不变要素与可变要素之分。

从长短期的定义可以知道，短期与长期的划分标准是有无要素投入量发生变化，而非具体时间的长短。一定时期内生产要素变动的难易与企业所属行业的性质紧密相关，因而短期或长期的时间跨度一般取决于企业所属的行业。

在短期，因为不变要素无法变动，运输企业只能通过增加可变要素的投入来扩大运输量。而在长期，由于所有要素都能变动，企业就可以扩建场站、增添设备、增加运输工具、扩大生产能力，以更经济有效地增加运输供给，而提高运输量。

（四）边际产量递减规律

边际产量递减规律的基本内容是：在技术水平不变的情况下，当把一种可变的生产要素投入到一种或几种不变的生产要素中时，最初这种生产要素的增加会使产量增加，但当它的增加超过一定限度时，增加的产量将要递减，最终还会使产量绝对减少。

边际产量递减规律发生作用的原因是：在任何产品的生产过程中，可变生产要素投入量和不变生产要素投入量都有一个最佳的组合比例。开始时，由于可变要素的投入量较少，而不变要素的投入所能达到的最大生产能力远远没有得到充分利用。所以最先增加的可变要素投入可以使边际产量递增。可变要素投入量继续增加到某一值时，可变要素的边际产量将达到最大值，此时生产要素的组合就达到最佳要素组合比例。此后可变要素投入量的继续增加只会使生产要素的组合越来越偏离最佳组合比例。可变要素的边际产量便出现递减的趋势。

（五）短期成本函数

1. 短期总成本

短期总成本是企业在短期内为生产一定量的运输产品对全部生产要素所付出的成本。短期总成本分为固定成本与可变成本。

固定成本是运输企业在短期内为生产一定量的运输产品对不变生产要素所支付的总成本。

可变成本是运输企业在短期内为生产一定量的运输产品对可变生产要素所支付的总成本。

2. 短期平均成本

短期平均成本是指运输企业在短期内平均完成单位运输量所消耗的全部成本。短期平均成本分为平均固定成本与平均可变成本。平均固定成本是平均每单位运输量所消耗的固定成本。平均可变成本是平均每单位运输量所消耗的可变成本。

3. 短期边际成本

短期边际成本是指运输企业在短期内每增加一单位运输量所增加的总成本。

（六）长期成本函数

1. 长期总成本

长期总成本是指长期中运输企业在预期的各个运输量水平上通过改变生产规模所达到的最低总成本。

2. 长期平均成本

长期平均成本表示运输企业在长期中各个运输量水平上的单位最小成本。

3. 长期边际成本

长期边际成本表示运输企业在长期中增加一单位运输量所引起的最低总成本的增

加量。

（七）长期成本曲线

1. 长期总成本曲线

运输企业的长期总成本函数给出的是每一产出水平的最低成本，前提是它能够任意改变生产规模。对于某个既定的产出水平。企业可以计算出各种可能的生产规模的总成本，并选择总成本最小的那种生产规模。如果生产规模无限多，那么对每一产出水平都重复这一过程，就可得到长期总成本曲线，它是短期总成本曲线的包络线，与每一条短期总成本曲线都相切。

2. 长期平均成本曲线

既然每条短期总成本曲线都对应有一条短期平均成本曲线，那么，通过比较不同生产规模的短期平均成本，运输企业也可以选择出生产特定运输量的最佳生产规模。如果企业可以选择的生产规模非常之多，此时的长期平均成本曲线就变成一条光滑的曲线，它是许许多多短期平均成本曲线的包络线。

长期平均成本曲线和短期平均成本曲线均呈 U 形，它们背后的经济原因不同。短期平均成本曲线呈 U 形是因为可变要素边际产量递减规律在起作用；而长期平均成本曲线呈 U 形却是由于规模报酬先递增、之后不变、最后递减造成的。

3. 长期边际成本曲线

长期边际成本曲线可以定义为：每个产出的最优生产规模所对应的短期边际成本曲线上的相应点的轨迹。尽管长期边际成本曲线也可以由短期边际成本曲线推导得出，但它却不是短期边际成本曲线的包络线。

（八）规模报酬

所谓规模报酬，是指当全部生产要素的投入量都等比例变化时，该技术所决定的产量水平的变化情况。在经济现实中存在着三种类型的规模报酬：

①如果总产量的增长比例大于要素投入的增加比例。那么，规模报酬递增。

②如果总产量的增长比例等于要素投入的增加比例，则是规模报酬不变。

③如果总产量的增长比例小于要素投入的增加比例，就称为规模报酬递减。

第三节　铁路运输成本

一、铁路运输成本的分类

（一）铁路运输成本的概念

铁路运输成本是铁路运输生产和经营过程中物化劳动和活劳动耗费的货币表现，是反映运输企业生产经营活动的综合性指标，也是制定运价、营销政策和投资决策、财务清算的重要依据。

铁路运输成本管理是企业经营管理的重要组成部分，是企业财务会计管理的重要内容，其基本任务是要保证运输生产所必需的资金，通过对成本的预测、计划、核算、计算、分析、考核和控制，挖掘降低成本的潜力，努力降低运输成本，提高运输经济效益，实现企业集约化发展。

铁路运输生产经营过程中发生的各种耗费，按其经济用途划分为主营业务成本、期间费用、资产减值损失和营业外支出，共同构成运输总支出。

主营业务成本是企业运输生产过程中发生的与运输生产有关的各项耗费，主要内容包括：

①运输生产人员及运输生产单位管理、服务人员的工资、奖金、津贴、补贴、短期带薪缺勤、短期利润分享计划、福利费以及按规定提取的基本医疗保险费、补充医疗保险费、工会经费、教育经费、基本养老保险费、失业保险费、工伤保险费、企业年金、生育保险费、住房公积金等工资附加费；②按规定计提的运输生产用及运输生产单位管理用固定资产折旧；③为了恢复固定资产原有性能和生产能力，对固定资产进行周期性大修理支出，包括成段换轨、成段换枕、成段换岔、成段清筛道床等支出，为消除路基、桥梁、隧道的严重病害进行的局部修理支出，灾害复旧支出，机车车辆和大型养路机械及其大部件的大修支出，房屋、建筑物、其他设备等大修支出；④设备运用、养护、修理耗费的材料、燃料、电力、配件、工具备品和其他支出，配件修理支出，外购劳务支出，生产场所用燃料、水、电及生产用杂费；⑤运输生产人员及运输生产单位管理、服务人员的办公费、差旅费、劳动保护费、制服补贴等；⑥运输生产过程中发生的季节性和修理期间的停

工损失，事故净损失，灾害预防及抢修支出；⑦办理保价运输业务发生的支出；⑧办理联合运输发生的付费支出；⑨按照规定提取和使用的安全生产费用；⑩其他按照国家有关规定应计入主营业务成本的支出。

销售费用是指企业的营销机构在市场营销过程中发生的各项费用，主要内容包括从事客货营销人员的工资性支出；①客货营销人员福利费以及按规定提取的基本医疗保险费、补充医疗保险费、工会经费、教育经费、基本养老保险费、失业保险费、工伤保险费、企业年金、生育保险费、住房公积金等工资附加费；②营销机构办公费、差旅费、劳动保护费、制服补贴，办公设施设备的折旧费、修理费、租用费、低值易耗品摊销；③营销广告、展览、宣传费用，营销场地租用费等与客货市场营销相关的费用。

管理费用是企业管理部门为组织和管理运输生产活动发生的费用以及企业按规定发生的管理性费用，主要内容包：①企业管理机关人员的工资性支出；②机关人员的福利费以及按规定提取的基本医疗保险费、补充医疗保险费、工会经费、教育经费、基本养老保险费、失业保险费、工伤保险费、企业年金、生育保险费、住房公积金等工资附加费；③机关办公费、差旅费、劳动保护费、制服补贴，办公设施设备的折旧费、修理费、租用费、低值易耗品摊销及其他管理费用；④土地使用费、土地换证费、土地损失补偿费、技术转让费、业务招待费、咨询费、审计费、诉讼费、排污费、绿化费、展览费、董事会经费、防疫经费、印花税、房产税、车船使用税、土地使用税等；⑤不具备资本化条件的新产品、新技术研究开发费用，包括发生的设计费、工艺规程制定费、设备调试费、原材料和半产品的实验费、技术图书资料费、未纳入国家计划的中间实验费，与产品试制、技术研究有关的其他经费，委托其他单位进行科研试制的费用以及试制失败损失等费用；⑥无形资产摊销，存货的毁损、报废，按规定列入管理费用的存货盘亏净损失，以及存货盘盈冲减的管理费用；⑦企业内部铁道资金结算机构发生的费用；⑧企业按规定负担的共同费用；⑨企业按规定承担的辞退福利支出；⑩其他按照国家有关规定可以列入管理费用的支出。

财务费用是企业为筹集生产经营所需资金而发生的费用，主要内容包括：①在金融机构的存款利息收入；②筹集生产经营所需资金而发生的利息支出，包括借款利息、应收票据贴现利息、发行债券利息等；③外币折算产生的汇兑损益；④总公司与所属企业之间的资金占用费收入，以及铁道资金结算机构向内部单位发放调剂资金而收取的资金占用费；⑤总公司与所属企业之间的资金占用费支出，以及铁道资金结算机构吸收内部单位存款而支付的资金占用费；⑥支付给金融机构、铁道资金结算机构的手续费以及铁道资金结算机构收取的手续费；⑦未确认融资费用分摊、金融资产转移费用，设定受益计划利息净额，以及其他按照国家有关规定可以列入财务费用的支出。

资产减值损失是企业按规定计提各项资产减值准备所形成的损失，主要内容包括：坏账准备、存货跌价准备和长期股权投资、持有至到期投资、可供出售金融资产、固定资产、在建工程、工程物资、无形资产减值准备等。

营业外支出是与运输生产经营无直接关系的各项支出，主要内容包括：①营业外人员的工资性支出；②营业外人员福利费以及按规定提取的基本医疗保险费、补充医疗保险费、工会经费、教育经费、基本养老保险费、失业保险费、工伤保险费、企业年金、生育保险费、住房公积金等工资附加费；③自然灾害造成的资产损失、非季节性和非修理期间的停工损失；④固定资产盘亏、报废、毁损和出售以及按规定列入营业外支出的存货盘亏净损失；⑤符合资本化条件的固定资产后续支出，部分替换固定资产时，被替换部分形成的净损失；⑥债务重组损失、非货币性交易损失，支付的滞纳金、罚款、违约金、赔偿金，被没收财物，公益救济性捐赠支出；⑦按规定摊销的移交社会职能补贴支出，补助公安经费；⑧其他按照国家有关规定可以营业外支出的支出。

下列各项支出不得列入运输总支出：

①购置和建造固定资产、无形资产和其他长期资产的支出，符合资本化条件的固定资产后续支出，对外投资的支出。

②应由已提取的基本医疗保险费、补充医疗保险费、工会经费、教育经费、基本养老保险费、工伤保险费、失业保险费、企业年金、生育保险费、住房公积金等负担的支出。

③应由其他业务、非运输企业、事业单位成本负担的支出。

④新建、改建和扩建铁路、站场等工程在达到预计可使用状态以前发生的应由工程成本负担的支出。

⑤按规定可以在销项税额中抵扣的因购进货物、接受加工修理修配劳务和应税服务所支付或负担的增值税进项税额。

⑥其他按规定不得列入运输总支出的支出。

（二）铁路运输成本分类的内容

铁路运输成本内容很多，为了便于概括分析铁路运输成本的构成情况，正确地计算、考核以及有效地控制成本，降低运输成本，可以从不同角度对运输成本进行分类。通过分类，考察各类支出在成本中所占比重，研究成本的变化规律。

1. 按支出性质和要素分类

按支出性质和要素分类，运输成本可分为工资、材料、燃料、电力、折旧和其他六项要素。

①工资。是指由成本负担的各类运输人员的标准工资、计件工资、职务工资、附加工资、加班加点工资、各种奖金、各种津贴、补贴和其他工资，以及按批准的工资结算收入与实际工资支出的差额。

②材料。是指运输生产经营过程中所消耗的材料、配件、油脂、工具备品、劳动保护用品等。

③燃料。指运输设备运用、养护和修理以及生产过程中所发生的固体、液体、气体等燃料支出。

④电力。指铁路运输设备运用、修理、动力、照明及其他用电。

⑤折旧。按规定计提的列入成本的固定资产折旧费。

⑥其他。指不属于以上各要素的支出。如按预算管理的支出项目、集中费、差旅费、福利费、损失性费用等。

2. 按支出与运输生产过程的关系分类

按支出与运输生产过程的关系，可分为营运成本、管理费用、财务费用和营业外收支净额。

3. 按支出与运输距离、运输作业过程的关系分类

按支出与运输距离、运输作业过程的关系分类，可分为始发到达作业费、中转作业费和运行作业费。

始发到达作业费指在始发站、到达站进行作业所发生的费用，这类费用与运输距离无关。

中转作业费指在中转站进行中转作业所发生的费用，这类费用随着运输距离的增加而呈现增长趋势，但有一定阶段性，随着中转作业次数的增加而增加。

运行作业费指列车在运行过程中所发生的各项支出，这部分费用随运距的变化成正比例变化。

4. 按运输支出计入运输产品成本的方法分类

按运输支出计入运输产品成本的方法，可分为直接列入支出和分配列入支出。

直接列入支出：指专为某种运输所发生的支出。当分别计算不同运输产品成本时，可

直接计入某项产品成本中去。

分配列入支出：指完成两种或两种以上运输共同发生的费用，当分别计算不同运输产品成本时，必须采用适当办法在各种产品之间进行分配，才能列入有关产品成本。

5. 按支出发生的业务部门分类

按支出发生的业务部门，分为运输、机务、车辆、工务、水电、电务、房建、其他等部门支出。

二、铁路运输成本计算

运输成本计算是保证运输生产资金需要、制定运输产品价格、评价经济效益、考核经营成果的必要手段，是将一定时期内的成本按照成本对象来归集和计算。成本计算分为定期成本计算和不定期成本计算。

三、不定期成本计算

不定期成本计算又叫不定期单位支出计算，包括各类专项成本。如分品名单位支出、分席别单位支出以及分线单位支出等。

不定期成本计算往往是为了解决某个临时任务或问题而进行的，它所使用的资料不仅有统计和决策资料，而且还需要进行很多专门调查以及补充计算得到的资料。其计算目的是多方面的，既可作为目标成本、边际成本、标准成本的数据，也可以作为成本、产量、利润分析以及预测和决策的依据。不定期成本计算的方法主要有支出科目直接计算法、运输作业过程分项计算法、单位支出分摊法以及支出率法等。

计算运输成本，应首先确定变动支出与固定支出的划分问题。把全部运输支出划分为与运量有关的变动支出和与运量无关的固定支出，对于计算和分析运输成本以及利用成本资料进行有关技术经济决策，具有十分重要的意义。

铁路运输成本中与运量有关的支出，是指基本上随运量的增减成比例变化的费用。但在实际工作中。完全按运输周转量计算的费用并不多，一般是通过行车量和其他一些工作量指标的变化来计量。因为随着运量的增长，在其他条件不变的情况下，行车量以及与之有关的机车车辆运用指标和检修任务会相应增长，与这些工作有关的支出也会相应增加。因此，与运量有关支出和与运量无关支出，亦称与行车量有关支出和与行车量无关支出。此外，铁路有很多支出，既与运量或行车量有关，又不与其成正比例变化，这部分支出称为半变动支出，如线路、通信信号设备、房屋建筑物的维修养护费，与运量变化有一定关系，但又不与其成正比例变化。将运输支出划分为与运量有关支出和与运量无关是一个比较复杂的问题。具体划分时，主要有直接分解法、高低点分析法和最小二乘法。这里介绍一下直接分解法。

直接分解法是根据运输支出科目逐个进行分析，先将明显属于变动支出和固定支出的科目找出来，直接列入变动支出和固定支出，然后对其余科目分别确定其中变动支出所占百分率，据此可确定列入变动支出和固定支出的数额。

确定混合支出中的变动支出所占百分比是比较复杂的工作，因为变动支出和固定支出的划分是相对的，不是绝对的，因此不可能完全准确。这样，在划分时，对于一些支出数额不大的混合费用，从简化工作的角度，可根据其内容全部作为变动支出或固定支出，不再进行分解。

（一）支出率法

支出率法（也叫支出定额法）是按照各种运营指标的支出率（或称支出定额）计算和分析运输成本的一种方法。支出率就是每一单位运营指标的有关支出额。采用这个方法，把运营指标和运输效率与有关的支出结合起来，能比较全面地反映机车车辆运用质量对运输成本的影响，对分析某项技术组织措施对运输成本的影响也比较方便。且有一定的精确性，所以它应用比较广泛，可以解决多种成本计算与分析问题。这种方法除确定各项运营指标的支出率工作量较大外，使用起来还是比较简便的。但是它不能反映与运量无关的固定支出的变化，当某些措施较多地涉及固定支出变化时，就难于计算出其对运输成本的影响程度。另外，在指标体系的选择和支出科目的设置上是否合理和适应，也会影响到计算的准确性。

采用支出率法计算运输成本的步骤如下：

①把全部运输支出划分为客运支出和货运支出后，再将客运支出或货运支出分别划分为与运量有关的变动支出和与运量无关的固定支出两部分。这是采用支出率法的前提。

②把各项变动支出分别与和其关系最密切的运营指标联系起来，再将属于同一指标的各项支出加总。被该项指标数去除，就得出每一单位运营指标的支出额。这是采用支出率法很重要的一步，它涉及计算支出率指标体系的确定及其与支出的关系、支出率的计算与修正的问题。

正确地确定计算支出率的运营指标体系，是采用支出率法的一个重要问题。确定指标体系应考虑以下原则：首先，指标要能比较全面地反映运输生产的各个方面，以便于计算和分析各项因素的变化对运输成本的影响；其次，选用的各项指标必须与有关的支出密切联系，当某项指标发生变化时，则与之有关的支出也相应发生变化；最后，选用指标数目多少，既要保证计算结果具有一定的精确性，又要使计算工作不至于过于繁琐。根据上述原则，一般确定的指标体系，货运方面包括货车千米、货车小时、机车千米、机车小时、机车乘务组小时、列车乘务组小时、换算燃料千克、机车车辆总重吨千米、调车机车小时九项指标；客运方面除以上九项指标外，还增加一个旅客列车运行车小时指标，以反映旅客列车上为旅客服务所发生的支出。此外，有时为反映车站办理货物运输和为旅客服务等发生的费用，还可增加货物发送吨数及旅客发送人数指标。上述指标体系比较全面，也反映了主要运输工具机车车辆的作业量，既有机车车辆走行千米，又有机车车辆时间消耗和总重吨千米指标，还有与行车直接有关的劳动消耗量和燃料动力消耗量指标。这样，凡是与运量有关的变动支出都可分别归纳到有关指标中去。另外，由于采用的牵引动力不同，有关机车的支出差别是较大的，所以对机车千米、机车小时、机车乘务组小时、换算燃料千克、调车机车小时等指标需分别用牵引动力种类来计算其支出率。

支出率的计算与修正。支出率的计算是用某项指标数去除与该项指标有关的支出总数。计算时所依据的资料包括各支出科目的支出数和有关的运营指标，可使用全路或某铁路局的年度计划或决算、统计资料。有些数据现行办法没有的，可通过补充计算或专门的调查研究取得。

根据全路或某铁路局的资料计算出支出率的平均数字，是在全路或某铁路局平均条件下的数据，适用于计算和分析全路或某铁路局以及与全路或某铁路局相似的一般条件下的运输成本。但在解决具体问题时，如果运输条件，尤其是使用的机车车辆与上述一般条件不同，由于与指标有关支出变化较大，就必须根据具体条件对有关指标的支出率进行修正。

支出率的修正，通常主要是由于使用的机车车辆类型不同引起的，因为不同类型机车车辆的各种修理费、折旧费是不相同的，这就要对机车千米、机车小时、车辆千米、车辆小时等指标的支出率进行修正。修正的方法可采用直接计算法或修正系数法。

直接计算法即根据某类型机车车辆的具体资料重新直接计算支出率。

修正系数法就是以平均支出率或接近平均支出率的某类型机车车辆的支出为标准，按各种不同机车车辆有关费用与标准的差额计算出修正系数，用以修正平均支出率。

③有了单位指标的支出率，就可根据机车车辆运用质量指标来计算完成一定运输周转量的运输成本。计算时先要计算完成一定运输周转量消耗的各项运营指标数，然后把这些

指标数分别乘以相应的支出率，乘得之积加总，即得完成一定周转量的变动成本。再加上完成一定周转量的固定成本，就得出完成一定周转量的全部运输成本。

（二）运输作业过程分项计算法

采用这种方法，要先将货运支出按运输作业过程划分为始发到达作业费、中转作业费和运行作业费三部分。划分方法也是根据运输支出科目的内容进行分析，凡属于某项作业的费用，可直接列入该项支出。

（三）每一总重吨千米平均支出法和每一车辆千米、每一总重吨千米平均支出计算法

每一总重吨千米平均支出法和每一车辆千米、每一总重吨千米平均支出计算法是简略计算各品类货物运输成本的方法。计算时，先把全部运输支出划分为客运支出和货运支出。将货运支出额除以货运总重吨千米总数，求出每一货运总重吨千米的平均支出；然后分别各品类货物，根据其载重力利用指标、货车自重、空率等不同，分别计算出每一运行吨千米所分摊的总重吨千米数，再乘以每一总重吨千米的平均支出，即得各品类货物的运行吨千米支出。由于一般货物运输单位支出是以计费吨千米为计算单位，故再乘以运行吨千米对计费吨千米的比例系数，就得出计费吨千米成本。

（四）旅客运输成本计算

为制定和调整旅客票价，为进行技术经济分析以及为经营决策提供依据，需要计算各种旅客列车运输成本。

客运车辆包括硬座车、软座车、硬卧车、软卧车等，不同席别客车单位人千米支出是不同的。这是因为：首先，不同席位的客车载客人数不同，车辆自重也不相同，从而使完成同样旅客周转量所消耗的车辆千米、总重吨千米等指标以及有关支出也不相同。其次，不同客车车辆的造价和检修费也不一样，使单位旅客周转量应摊的折旧费和检修费也不一样。除此以外，旅客列车有动车、特快、快速、普快、临客等区分，不同类型列车的编组、列车重量、运行速度不同，列车服务项目和服务人员等均有差异，也使它们的成本有较大差异。

计算旅客列车成本也可采用支出率法、运输作业过程分项计算等方法进行。

（五）分线单位营业支出的计算

铁路分线单位营业支出是指特定线路单位周转量的支出。从成本计算的角度，把"线"作为成本计算的对象是区别于"面"即管辖区域内的铁路网平均成本而言的。所以，只要铁路按线段而不是按管辖范围内多条铁路计算单位周转量支出，都可称之为分线单位营业支出计算。

不同线路的运输成本差别比较大，其影响因素是多方面的，总的来说，可基本上归为两大类：第一类是客观方面的因素，即不同线路所处的经济地理位置以及它的运量规模、运量构成、平均运距、线路类型和标准、机车车辆牵引类型等；第二类是与运输组织和经营管理有关的因素。

计算分线运输成本的意义很大，评价不同线路的经济效益，考核各个线路的盈亏状况。进行线路技术改造项目与评估和技术组织措施方案的比选，调整和制定运价等，都需要通过计算分线运输成本为其提供依据。

计算分线运输成本也需要将运输支出划分列入，其基本原则如下：

①某线发生的与该线运输直接有关的支出，直接列入该线支出。这类支出主要包括为该线服务的车站、机务、车辆、工务、电务等站段的全部支出。另外，由外局清算过来应归属于该线负担的支出也需要直接列入该线。

②难以划分的多线混合支出采用适当的指标进行分配。

③固定资产特别是线路及桥隧建筑物。其基本折旧与大修提成费对分线单位支出影响很大，应尽可能确切地反映实际。要按各线实际的固定资产价值计提折旧，并按固定的用途采用分类、分线别的折旧率和提成率。为多线服务的固定资产，其折旧费、大修提成费采用适当的指标分配。

④涉及多线的各运营单位的一般生产费和管理费按该单位已分摊的基本生产费比例进行分配。

⑤路局的管理费均按各线路上的周转量占路局周转量的比例分配到各线路上。

四、影响铁路运输成本的因素

铁路运输成本是一个综合性的经济指标，它受很多因素的影响，这其中既有外部环境因素，也有企业内部因素；既有生产技术方面的因素，也有企业经营管理方面的因素；既有主观因素，也有客观因素。这些因素相互联系，相互影响，综合影响着运输成本。

（一）运量对运输成本的影响

运输周转量多少是影响运输成本变化的重要因素之一。按照支出与运量的关系，运输支出可分为与运量有关的变动支出和与运量无关的固定支出两部分。在一定时期内，当运量是在现有通过能力范围内增长时，在其他条件，如运营工作质量指标和材料燃料消耗定额等不变的情况下，变动总成本随着运量的增长成比例增加，固定总成本却相对地保持不变，所以单位运输成本中分摊的这部分支出就减少，从而使运输成本降低。并且，固定总成本所占比重越大，运输成本降低的幅度也就越大。运量与运输成本之间的关系既可用来分析决算时期由于运量变化对运输成本的影响程度，又可用来预测计划时期运量增长使运输成本变化的水平。

（二）运输距离对运输成本的影响

按照支出与运输距离的关系，运输支出可分为始发到达作业费、中转作业费和运行作业费三部分。由于始发到达作业费与运输距离的长短无关，它不随运输距离的长短而发生变化，因此，当运输距离延长时，虽然运输支出总额也会增加，但单位运输成本分摊的这部分费用却会减少，从而使运输成本降低。

（三）机车车辆运用效率对运输成本的影响

在一定类型运输设备条件下，通过加强运输组织工作和采用先进工作方法，改进机车车辆运用，或对铁路运输设备进行技术改造，都可使机车车辆运用效率提高。机车车辆运用效率变化对运输成本有重要影响，因为与运量有关的变动支出与机车车辆运用工作量和机车车辆需要量是直接关联的，提高机车车辆运用效率，无论是提高车辆载重力或机车牵引力利用程度，或是加速机车车辆周转，都可在不同程度与不同方面使完成一定运输周转量的机车车辆运用工作量或机车车辆需要量减少，从而使运输成本降低。

反映机车车辆运用效率的指标与运输成本的关系有两类情况。第一类指标与运输成本成正比例变化，如空车走行率、机车辅助走行率等。这类指标的降低或提高都会影响运输成本的降低或提高。

在确定综合效率指标时，须先确定使该指标发生变化的因素，如货车周转距离、旅行速度、货车中转停留时间、一次货物作业停留时间等对该指标的影响，并分别计算其对运输成本的影响，然后加以综合。由于不同因素的变化对运输成本的影响是不相同的，如不分开计算就得不出正确的结果。

概括计算机车车辆运用效率指标对运输成本的影响，可采用影响系数法，即根据与某项效率指标直接有关的支出占全部运输支出的比重来近似计算。

（四）劳动生产率和材料、燃料消耗对运输成本的影响

劳动生产率的高低，也是影响运输成本的一个重要因素。由于工资支出在运输成本中占相当比重。而工资支出的多少取决于职工人数和平均工资。通过改善劳动组织，充分发挥职工的积极性和创造性，尽量采用先进操作方法，提高主要工种的劳动生产率，并尽量减少非生产人员所占比重，就可以较少人力完成相同的运输任务，或以同样人力完成更多的运输任务，从而节约使用人力，减少活劳动消耗，降低运输成本。在铁路运输生产中，生产动力特别是机车运行用燃料、电力和各项设备运用、维修用的材料数量是很大的，其费用约占运输成本的三分之一。采取各种措施加强材料、燃料和电力的消耗定额管理，尽量节约各种物资消耗，就可显著降低运输成本。由于各种材料、燃料、电力消耗量在工作量一定的情况下与其消耗定额成正比，因此，可通过该项费用占运输成本的比重和消耗定额的减少幅度来计算其对运输成本的影响。

第四章 运 输 价 格

第一节 运输价格概述

一、运输价格的含义

所谓运输价格，是指运输企业对特定货物或旅客所提供的运输劳务的价格。

运输价格能有效地促进运输产业结构的优化配置。运输产业结构主要包括运输工具和其他与之相关的基础设施。无论是国家对运输产业结构进行统一规划还是运输企业对其自行调整，运输价格的高低将会在其中起至关重要的作用。运输企业对此尤为敏感。如果市场上运输价格上扬，运输企业认为有利可图，就会增加运输能力的投入；反之，则会减少运输能力的投入，甚至退出运输市场。运输产业结构通过运输价格进行调整。其结果将有利于促进各种运输方式之间的合理分工。

运输价格能有效地调节各种运输方式的运输需求，它是基于总体运输能力基本不变的情况下，因运输价格的变动导致运输需求的改变。但货物运输需求在性质上属于"派生需求"，运输总需求的大小，一般决定于社会经济活动的总水平。运输价格的高低对其产生的影响极其有限。但有时运输价格的变动对某一运输方式的需求调节却是十分明显的。

运输价格在国民经济各部门收入分配中起重要影响作用，它是运输企业借以计算和取得运输收入的根本依据。因此，运输价格的高低，直接关系到运输企业的收入水平。另一方面，货物运输价格又是商品销售价格中的有机组成部分，它的高低也会影响其他物质生产部门的收入水平。因此，运输价格的调节作用，可以促使其他生产部门将生产要素投入到效益好的领域，从而达到资源的优化配置。

二、运输价格的特点

（一）运输价格是一种劳务价格

运输企业为社会提供的效用不是实物形态的产品，而是通过运输工具实现货物或旅客在空间位置的移动。在运输生产过程中。运输企业为货物或旅客提供了运输劳务，运输价格就是运输劳务产品价格。

劳务产品与有形商品最大的区别是：它是无形的，既不能储存也不能调拨，只能满足一时一地发生的某种服务需求。运输企业产品的生产过程亦是其产品的消费过程。因此。运输价格就是一种销售价格。换言之，运输价格只有销售价格一种表现形式，而不像其他有形商品可有出厂价、批发价、零售价之分。同时，由于运输产品的不可储存性，当运输需求发生变化时，只能靠调整运输能力来达到运输供求的平衡。而在现实中，运输能力的调整一般具有滞后性，故运输价格因供求关系而产生波动的程度往往比一般有形商品大。

（二）货物运输价格是商品销售价格的组成部分

社会的生产过程不仅表现为劳动对象形态的改变，也包括劳动对象的空间转移，这样才能使物质产品从生产领域最终进入到消费领域。在很大程度上，商品的生产地在空间上是与消费者相隔离的。这就必须要经过运输才能满足消费者对商品的实际需要。在此过程中又必须通过价格作为媒介来实现商品的交换。这样，货物运价就成了商品销售价格的重要组成部分。货物运价的高低，会直接影响商品的销售价乃至实际成交与否。

（三）运输价格具有按不同运输距离或不同航线而别的特点

货物或旅客按不同运输距离规定不同的运价，称之为"距离运价"或"里程运价"。这是因为运送货物或旅客即运输对象的空间位置移动是以周转量来衡量的。货物周转量，以吨千米为计量单位；而旅客周转量，则以人千米为计算单位。因此，运价不仅要反映所运货物或旅客数量的多少，还要体现运输距离的远近。这种按运输距离制定的价格，货运表示为吨千米运价，客运表示为人千米运价。距离运价是我国沿海、内河、铁路、公路运输中普遍采用的一种运价形式。

货物或旅客按不同航线规定不同的运价。称之为"航线运价"或"线路运价"。采用此种运价，是基于运输生产的地域性特点。运输工具在不同航线上行驶。因自然条件、地理位置等有显著差别，即运输条件各不相同。即使货运周转量相同，运输企业付出的劳务量及供求关系等却相差很大。因此，有必要按不同航线采用不同的运价。这种运价同样广泛地应用于远洋运输和航空运输中。

（四）运输价格具有比较复杂的比价关系

货物或旅客运输有时可采用不同运输方式或运输工具加以实现，最终达到的效果也各不相同。具体表现为所运货物的种类、旅客舱位等级、运载数量大小、距离、方向、时间、速度等都会有所差别。而这些差别均会影响到运输成本和供求关系，在价格上必然会有相应的反应。

（五）运输价格受政府管制政策限制

由于交通运输产业所提供的服务的必要性和产业具有一定的自然垄断性，因此受政府的宏观控制强，企业的经营自主权受到一定限制。在我国，从运输的价格来看，铁路的基本运价是由政府决定的，其他大部分交通运输部门的运价也必须得到政府的认可，运输价格受政府管制政策影响较大。

三、运输价格的职能

（一）资源分配职能

在市场中，消费者根据价格决定各种商品和服务的消费量。因此，各种商品和服务的供给量也间接地由价格决定，各生产设施的利用程度也取决于价格。所以价格具有决定把社会能够利用的稀缺资源分配给什么产品、分配给多少，由哪个生产者或哪个生产设施生产，为了哪部分消费者而生产等资源分配职能。价格的这个职能，不仅对现有生产设施下的短期资源分配起作用，而且也波及长期资源分配，高价格、高利润的部门吸引投资，从而使得对现有消费或其他部门所投入的资源减少。

运输价格具有对运输业与其他行业之间和运输业内部各运输方式之间的资源分配的调节功能，运价不仅在一定程度上决定了运输部门和各个交通设施的投资量和现有设施的利用程度，而且还决定了各设施的利用者及其利用量。

（二）分配收入的职能

通过价格，生产者要补偿生产中所付出的成本。当价格低于成本时，生产者就会发生亏损，这个亏损如果由其他产品销售的利益或政府补助补偿的话，就意味着其他产品的消费者及一般纳税者实质上与该产品的消费者重新分配收入。

某产品消费者整体支付的金额正好补偿生产者的费用时，如果各个消费者所支付的价格不同的话，这样的差别价格也具有重新分配收入的职能，即由支付高价格的消费者对支付低价格的消费者进行补偿。

（三）刺激经济效益

刺激经济效益是指通过运价刺激每个运输企业改进技术，降低成本，提高劳动生产率的职能。价格反映平均的社会劳动量，而不管个别企业的实际劳动耗费的高低。因此，无论供求是否平衡，在正常情况下，对同类货物的运输，只能有一个价格或基准价格，每个运输企业必然要接受这把统一的"社会尺子"加以衡量与检验。如果企业的运输效率低，收入就会少，获取的利润就少。因此，运价刺激每个运输企业努力降低成本、增加收入，尽力使自己的个别成本低于社会成本，以便获取较高的利润，所以价格是促使企业提高经济效益的重要手段。

（四）调节供求关系

运价的调节职能即平衡运输供求的职能。价格的调节职能对运输生产者来说，表现为：供过于求而迫使价格下降，运输生产者无法通过运价的收入得到正常的利润，就可能被迫缩小生产规模，或转而从事别的产品的生产；如果供不应求而使价格上升，将使生产者增加生产，或使新的企业投入运输行业，使得总供给与价格按同一方向变动。运价所反映的不平衡的供求关系及价格对价值的背离，会使运输生产得到调节，资金在各运输方式或部门之间发生转移。

价格的调节职能对运输需求者来说，表现为：在一定的收入条件下，由于运价的变动，消费者会不断地对运输需求的结构作出新的调整与选择，在某种运输方式的运价提高时，一般来说，需求者对该种方式的需求必然减少，在运价降低时，则需求必然上升。总之，对运输的需求一般是按与运价相反的方向变动的。当然，在供不应求的情况下，即当总的运输能力不足时，即使提高运价，也不一定导致运输需求减少到运输能力以下。在这种情况下，必须增加运力，才能满足对运输的需求。

在现实的经济社会中，由于运价与各类商品价格有着十分密切的关系，它的变化对整个国民经济的影响很大，因此，几乎所有的国家的运输价格都受政府不同程度的控制，以保持运价的稳定性和统一性。也就是说，运价的基本职能在实际上并不能完全得到发挥。

在市场经济下，为尽可能充分发挥运输价格的职能，可采取的做法是：运输生产者如果通过市场竞争，了解到运输市场现已供过于求，或者供不应求，那么就应通过价格的手段去平衡，努力使供需关系趋于和谐，实现价格调节供求的职能。因此，给企业一定的定价权是十分必要的。当然，实行浮动运价，包括浮动的幅度、浮动的时间等，都要得到有关部门批准。

四、运输价格的形成因素

形成运输价格的因素比较复杂，主要有运输成本、运输供求关系、运输市场的结构模式、国家有关经济政策以及各种运输方式之间的竞争等。

（一）运输成本因素

运输成本是运输生产过程中消耗的活劳动和物化劳动。具体来说，它包括用于支付材料、燃料、动力、固定资产折旧、固定资产修理、工资、管理等方面的费用。

运价的制定要以运输价值为基础，而运输价值主要包括三方面内容：①运输生产过程中消耗的生产资料转移价值 C；②劳动者活劳动消耗中为满足个人生活需要、以工资等形式分配给劳动者所创造的价值 V；③向国家上缴的税金和向投资者分配的利润等新创造的价值以上前两部分 C+V 构成产品成本，它是运输价值主要组成部分，因此，它是制定运价的主要依据，同时也是运价制定的最低界限。商品出售的最低界限是由商品的成本价格规定的。如果商品以低于它的成本价格出售，生产资本中已经消耗的组成部分，就不能全部由出售价格得到补偿。如果继续下去，预付资本价值就会损失。

由于不同运输方式的技术经济特征不同，它们在运输成本方面表现出的特征也不相同。一般情况下，运输成本高的，其运价率也应该高；而运输成本低的，其运价率也相应较低。

（二）运输供求关系因素

运输市场的供求平衡，不仅会因为运输市场价格对供给和需求的调节而引起，而且还会由于运输供给和需求对市场价格的调节而产生。考察运输供求对运输价格的影响，主要是指后者。运输供给和需求对运输市场价格的调节，通常是由于供求数量不同程度的增长或减少引起的。

（三）运输市场结构模式因素

根据市场的竞争程度。运输市场结构可大体分为四种类型，即完全竞争运输市场、完全垄断运输市场、垄断竞争运输市场和寡头垄断运输市场。不同类型的市场有不同的运行机制和特点，对运输价格的形成会产生重大影响。

1. 完全竞争运输市场

完全竞争运输市场是指运输企业和货主对运输市场价格均不能产生任何影响的市场。在此种市场上，运输企业和货主都只能是运输价格的接受者，故运输价格完全由供求关系决定。在现实中，虽然并不存在这种市场，但基本具备该市场条件的为海运中的不定期船市场。

首先，不定期船市场中的运输供给者和需求者众多，无论谁都无法控制市场价格。其次，船舶所有人只要具备一定的经营条件和能力，就可进入市场、投入运输。若市场不景气，可随时退出，而不像班轮运输那样有较大限制——无论进入或退出均不易。因此，不定期船尤其是航次租船的运输价格可以说基本上是由市场供求关系决定的。但在现实中，由于存在不正当竞争或竞争不充分而造成对运输价格的扭曲，却较为常见。我国公路运输和水路运输已经完全市场化。经营主体也多元化。有国有、集体、个体运输企业。还有中外合资、合营和外商独资企业，除公路客运价格由地方政府实行指导价管理外，公路货运和水路客货运输均实行市场调节价。

2. 完全垄断运输市场

完全垄断运输市场又称为独占运输市场，指某一运输市场完全被一个或少数几个运输企业所垄断和控制。在这种市场上，垄断企业有完全自由的定价权，它们可以通过垄断价格获得高额利润。在现实中，完全垄断运输市场也并不存在。但我国的铁路运输，因由国家独立经营，对铁路运输货物实行指令性价格，故铁路运输市场具有垄断运输市场的性质。然而，我国对铁路运输货物实行的所谓"垄断价格"，其出发点并不是获得高额利润，而主要是根据运输成本、运输供求关系、国家经济政策等因素定价，故同一般定义上的以获取最大利润为目的的"垄断价格"有很大区别。但随着市场经济的发展，以及一些专用铁路的建设，根据实际情况。国家允许部分铁路运输价格在规定条件下，随市场供求关系的变化适当浮动。此外。由于政企不分。铁路运输价格体系非常复杂，既有正式运营线运价，又有特定运营线运价，还有临时运营线运价，运营价格中还有各种基准价。总的来看，考虑到我国社会经济发展实际情况，目前铁路运输价格相对偏低。

3. 垄断竞争运输市场

垄断竞争运输市场指既有独占倾向又有竞争成分的运输市场。我国沿海、内河以及公路运输市场基本上属于这一类型。这种市场的主要特点是：同类运输产品在市场上有较多的生产者，市场竞争激烈；新加入运输市场比较容易；不同运输企业生产的运输产品在质量上有较大差异，而某些运输企业由于存在优势而产生了一定的垄断性。在这种情况下，运输企业已不是一个消极的运输价格的接受者，而是具有一定程度决策权的决策者。

4. 寡头垄断运输市场

寡头垄断运输市场指某种运输产品的绝大部分由少数几家运输企业垄断的市场。在这种市场中，运输价格主要不是由市场供求关系决定，而是由几家大企业通过协议或某种默契规定的。海运中的班轮运输市场是较为典型的寡头垄断市场。

首先，班轮运输是在特定航线上，有一定停靠港口，定期开航的船舶运输。因此，一般经营班轮运输的船公司数量较少，但规模较大，因而进入或退出班轮运输市场均不是轻而易举的事。其次，在某一航线上若同时有几家班轮公司经营，就会产生激烈的竞争，其结果往往两败俱伤。随之，国际船东垄断组织——班轮公会便应运而生。班轮公会的重要任务之一，就是通过共同制定所控制航线的运价来避免无休止的激烈竞争。班轮公会的参加者就成了该市场的"寡头"。

寡头垄断市场的价格形成是十分复杂的。因为寡头垄断企业既不是一个价格接受者，也不是一个价格决定者。在这种情况下，国内航空运输价格仍以政府指导价为主。

(四) 国家经济政策因素

国家对运输业实行的税收政策、信贷政策、投资政策等均会直接或间接地影响运输价格水平。长期以来，国家为扶植运输业，在以上诸方面均实行优惠政策。如果营业税税率较低，在运输成本和利润不变的情况下，运输价格可随之降低。因此，目前国家对运输业实行的优惠税率政策有利于稳定运输价格并促进运输业的发展。

第二节　运输价格的制定理论

一、生产价格论

这种观点的主要依据是马克思的"劳动价值论"，认为货物运输与其他有形商品一样，具有价值和使用价值的二重性。运输产品的价值表现为货物在发生位移过程中所消耗的社会必要劳动；它的使用价值则表现为货物发生位移后使商品潜在的使用价值转变为现实的使用价值。而运输价格的制定实质是对运输价值量的测算。由于当今社会生产力的高度发展，各经济部门的利润平均化趋势已客观存在，这就为生产价格论提供了依据。作为社会必要劳动的货币表现即运输价格具体体现为运输成本与社会平均盈利之和。

一般认为，以生产价格论来制定货物运价必须具备以下两个前提条件。

（一）应以运输供求基本平衡为前提

运输供求不平衡势必会造成价格的波动，不平衡的程度越大，价格的波动就越厉害。人们固然可以采用种种现代化手段对未来的运输需求量作出预测和判断，但大量的事实表明，要较精确掌握未来需求，尤其是长远的需求几乎是办不到的。这是因为运输需求是一种派生需求，即派生于其他物质生产部门的生产、消费和交换等活动，所以影响运输需求的因素相当复杂。

然而，在运输需求未知以前，参与运输生产的企业的规模、数量以及生产条件等也是未知的，货物运输的社会必要劳动时间的耗费就无法确定。因此，该理论在实际运用中会遇到极大困难。这可从我国在较长时间内以该理论来制定运输价格，但并未达到预想的效果得到印证。

（二）必须预先确定社会平均资金利润率

生产价格论的基本点是"企业等量资本投入要求获得等量的利润"，这是社会化大生产发展的必然结果。而现实的情况是，平均利润的形成即使是在完全竞争的市场机制中也仅仅是一种趋势。而这种趋势恰恰又是运输供求变化作用所达到的一种结果——它是终点而绝不是起点。因此，在一般情况下，在制定运输价格时，无法预先知道社会平均资金利润率。若人为地规定它，其结果常常出现国家或企业制定的价格与实际执行的市场价格大相径庭。以至于貌似"公正"的运价竟成了一纸空文。生产价格论作为各种货物运价制定理论，是言之有据的。但其具体操作问题却无法解决，有待进一步论证和探讨。

二、边际成本论

边际是经济学中的关键术语，常常指"新增"的意思。边际成本即表示增加单位产出所需要增加的成本。

边际收益的定义是：当销售增加1个单元时，由此引起的收益的变化。边际收益既可以是正，也可以为负。

边际原则是指：人们通过仅仅考虑和计算某一决策的边际成本与边际收益，来达到收益或利润满足程度的最大化。这一原则也同样适用于投资决策。在制定投资决策的过程中。应该把过去的盈利或亏损忽略不计，并仅仅根据边际成本或边际收益来决定将要作出的决策。对于任何决策，要准确地计算你将为之付出的成本，并把它和你将要因之而增加的收益相权衡，根据边际成本与边际收益来进行决策。

边际成本定价法是指在运输供求发生变动时，运输企业必须增加或减少运输数量，并以因增加或减少运输数量而引起的总成本的变动为基础确定运输价格。

有关部门规定，在新开辟的铁路和水运线路上采用"新线新价"。由于新的运输线路资本投入较原运输线路多得多，其边际成本大大超过原运输线路的单位总成本；而且，一般都在运输需求量大于运输能力供给的情况下开辟新的运输线路，所以目前采用的"新线新价"均高于其他运输线路的价格。这也符合运输市场价格对运输需求进行反向调节的客观规律。

但也应注意，运输需求的大小从总体上看受到国民经济发展规模等因素的制约，因为它毕竟是一种派生需求。因此，它在一定空间和时间内受运输价格的影响极其有限，所以不能过分估价这种定价理论的作用。另外，在运输需求严重不足的地区或航线，由于其边际成本长期低于单位总成本，以边际成本论定价会导致运输业长期大面积亏损。

三、均衡价格论

在货物运输中，运输企业和货主经过讨价还价，使运输供求数量达到一致时的价格称为均衡运输价格。

均衡价格论的核心问题是运输需求量或供给量是如何影响价格形成的。有些学者建议采用需求的价格弹性和供给的价格弹性做定量分析。它有别于在市场供求研究中，因运输价格的改变而引起运输需求或供给的变化所采用的价格的需求弹性和价格的供给弹性。

（一）需求的价格弹性

需求的价格弹性是指在特定的运输市场上，运输需求量的变动而引起运输价格的变动程度。也可用需求的价格弹性系数来表示。

只要测出各运输市场的各种货物运输需求的价格弹性系数，那么就可以根据运输需求变动情况。求得运输价格变动的百分率，以此确定各种货物的运输价格。

（二）供给的价格弹性

供给的价格弹性是指在特定的运输市场上，运输供给量的变动而引起运输价格的变动程度。也可用供给的价格弹性系数来表示。

只要测出各种运输市场的各货物运输供给的价格弹性系数，并根据运输供给变动情况。求得运输价格变动的百分率，便可以此确定各种货物的运输价格。

以均衡价格作为运价的制定理论，很显然只是注重运输供求关系对价格的决定因素，而没有考虑其他各种因素对价格的影响，因此。它只能在完全竞争的运输市场结构模式中才适宜采用。同时，需求和供给的价格弹性系数测算比较困难，又有较强的时间性。故该理论在现实中尚无法得到广泛应用。

四、从价理论

从价理论也称"货物对运价的负担能力理论"，是指以所运货物本身的价值高低为基础确定的运输价格。在国际海上货物运输中，从价理论占有非常重要的地位。

从价理论的实质，是在货物运输供求双方进行价格竞争的条件下，按需求弹性高低来确定货物运价的一种转化模式。在一般情况下，本身价值较高的货物，其运输需求对运价的弹性较小，亦即弹性系数小于1，此时可提高货运价格，因为运输需求量下降的比率小于运价提高的比率，而运输收入为货运价格与运输量之乘积，其结果对运输企业有利。同样，本身价值较低的货物，其运输需求对价格的弹性较大，亦即弹性系数大于1，此时应降低货运价格，因为运输需求量提高的比率大于价格下降的比率，其结果运输收入也会得到提高。即使有时因对低价值货物的运价定得过低而造成损失，也可从高价值货物的运输收入中得到补偿。正因为这样，从价理论在国际海运中至今仍有较高的应用价值。

按从价理论定价，运输企业存在一个对货运价格的具体选择问题。其基本原则应该是：在考虑各种货物运输需求量的前提下，运输企业应选择货主能提供最多抵偿固定费用的货物运价。

对高价值货物实行高运价是有一定限度的。其主要原因有两个：其一，本身价值较高的货物往往是各种运输方式争夺的对象，因此运输需求交叉弹性较高，这样就牵制了货物运价的过高波动。其二，货主对货物运价具有一定范围的承受能力，即货物运价不能高于所运货物销售地与生产地价格之差；否则，货主因销售商品不能获利甚至亏本而会放弃运输。

从价格形成上分析，从价理论是属于市场竞争决定论范畴的；而从市场营销角度看，它又是一种需求差异定价模式。虽然该理论在国际海上货物运输中具有悠久的历史，而且从运输市场竞争规律以及从市场营销的角度分析均有其可取之处，但不可否认，该理论在实际应用中也会带来一定的困难。具体表现在以下两方面：

①对高价值货物的运价与低价值货物的运价之间如何确定一种客观的合理比例关系，目前尚无规律可循。在国际货物运输中，有些航线高、低价值货物运价之比为 5 倍左右，而有些航线两者之比可达 10 倍以上。这在很大程度上是由历史原因造成的，对新辟航线的定价就起不到借鉴和参考作用。因此，在实际中利用从价理论定价，运输企业应根据有关数学模型，结合不同航线货物运输需求交叉弹性和商品销、产地价格差等因素，合理确定不同航线高、低价值货物之间的运价比例关系。这就为日后新辟航线的定价提供了一定的参考依据。

②持有高价值货物的货主对从价理论定价常有抵触情绪，运输企业在具体实施中会遇到阻力。运输企业应认真分析研究并确定各类货主均能接受的运输价格，从而既有利于从价理论定价在实际中的贯彻实施，也可促进运输业的发展。

五、拉姆齐价格理论

拉姆齐价格理论的指导思想是既考虑企业收支平衡，又尽可能地实现资源分配最优化。它是围绕着边际成本价格理论，提出改善措施的。

众所周知，边际成本不包含固定成本，是导致企业亏损的主要原因。为了收回固定成本，必须制定高于边际成本的价格，这样价格与边际成本之间就形成一个价格差，这个价格差控制在什么幅度内，才能使消费者剩余的减少最小化，是拉姆齐价格理论关注的核心问题。

需求与价格之间的敏感性有大有小，拉姆齐指出价格差应当与需求价格弹性呈反方向。即对需求价格弹性大的需求制定与边际成本背离幅度小的价格，对需求价格弹性小的需求制定与边际成本背离幅度大的价格。这样做的好处是对价格弹性大的需求缩小价格差，可以相对地减少需求量的下降，对价格弹性小的需求加大价格差又不至于引起需求量的大幅度减少。这就比不考虑价格弹性而制定的背离程度相同的价格来说，可以从总体上减少需求量的下降。由于需求量的减少幅度最少，因而消费者剩余的减少也就是最小的，可获得比较理想的效果。

拉姆齐定价含义为需求弹性越小，定价可以超出它的边际成本的比例就越大。拉姆齐定价对弹性大的市场加成小，因此对弹性大的消费群有利。尽管在高弹性市场上价格相对较低，但只要该价格大于产出的增量成本，那么对有收入约束的企业来说，就可以降低在其他市场的价格，这对所有的人都是有利的。因此，在收支平衡约束下，与平均成本定价相比，拉姆齐定价是一种帕累托改进（拉姆齐价格是一系列高于边际成本的最优定价，它能资助商品和服务的提供，当某一商品或服务的价格提升所产生的净损失小于运用额外收入所产生的净收益时，经济效率就提高了；帕累托改进是指在没有使任何人受到损害的前提下，使得至少对一个人有利）。

从根据需求价格弹性来决定价格与边际成本背离程度上讲，拉姆齐价格是一种垄断性的差别价格。利用该理论可以决定拥挤税的税率，即当通勤高峰期价格弹性小时征收与边际成本背离幅度大的高税率，当闲散期价格低时征收与边际成本背离幅度小的低税率。但是，这种理论如果实用到公共交通工具的乘客身上，对通勤高峰期的大众乘客征收高税率，很可能引起公众的不满和反对。如果通勤交通费用由企业负担，情况就不一样了。

拉姆齐定价实际上是一种价格歧视，但当它并非为了企业获得垄断利润最大化，而仅仅是用于以回收成本为目的的定价时，是一种管制上所容许的价格歧视。

为保证拉姆齐定价不被用于企业获得垄断利润最大化，针对共用事业企业，在采用价格时，歧视定价时应遵循以下四个原则：

①允许共用事业企业的收费弥补全部成本，但不能过多。

②所有消费群的支出应少于单一价格时的总支出。

③不得有消费者在边际成本以下获得服务。

④生产应在边际成本等于支付意愿时停止。

六、收益管理定价策略

收益管理又称效益管理或实时定价，其核心是价格歧视。就是根据客户不同的需求特征和价格弹性向客户执行不同的价格标准。在正确的时间以正确价格将正确的座位销售给正确的旅客。

收益管理曾经在航空业取得了辉煌的成绩，主要是通过建立实时预测型和对以市场细分为基础的需求行为分析，确定最佳的价格。

（一）基于时间分段的定价策略

这里从折扣票价、限量售票和过量售票三种销售方式简要介绍航空公司在收益管理中时间分段的定价和销售策略。

1. 折扣票价

收益管理定价的最基本特征就是有一个分时段的折扣票价系统。它希望通过各种折扣，让票价刚好满足各类旅行者的接受底线，从而将消费者剩余转化成公司的利润。

2. 限量售票

限量售票是指对折扣机票的销售实行限量供应，这种策略在航空竞争中经常出现。实际中，限量决定常常是由系统根据最新的实时信息作出判断，并提出改变票价的最优组合的新方案，以至于会产生星期二一位乘客被告知某航班的优惠折扣票已售完，星期三另一位乘客通过同样的电话买到了同一航班的优惠票的情况。

3. 过量售票

过量售票即超售，是指航空公司出售的机票数量大于班机的总乘坐数量，这种策略在航空竞争中经常出现。

航空客运实践中，常常发生预订机票的乘客临时取消订座的情况，对此航空公司除了约定对退票者收取罚金外，还可通过超售策略达到收益最大化。通常航空公司根据历史记录预测反悔乘客的比例，然后制定超售的方案。过量销售相比限额销售具有一定的风险。

（二）基于空间分级的分别定价策略

除了分时段折扣定价外，细分舱位空间等级形成服务质量的差别定价也是收益管理不可分割的组成部分。空间优化的主要任务是通过与精细化服务相结合，将机舱分级分别定价。

（三）用收益管理实现收益最大化

区分时间与空间是为了更有利于理解差别定价内涵。航空公司实际定价是将分舱定价、折扣优惠和预订时间限制合并考虑的，不会作刻意分离。

收益管理使得企业获得时空组合上收益的双重优化，从而达到超额的收益。无论是空间分级还是时间分段，这种划分标准的基本出发点都是要通过价格藩篱将那些愿意并且能够消费得起的乘客和为了使价格低一点而愿意改变自己消费方式的乘客区分开，最大限度地开发市场潜在需求，提高效率。此外，收益管理定价策略中还必须兼顾与同行的竞争以及与可替代运输方式的竞争的各种策略。更深入地说，还必须兼顾与企业本身其他产品的协调以及与策略型消费者的周旋等。

有关收益管理理论研究大致可分为三个部分：一是基于数量的管理方法，包括存量控制和超订策略；二是基于价格的方法，包括动态定价策略和拍卖机制；三是需求模型和预测方法。

航空公司采用收益管理进行定价和销售需要一个以巨大数据库支撑为基础的决策系统，这是一个非常庞大的工程，其开发、运作和管理的成本也相当可观。近年来，我国一些航空公司也相继引入收益管理系统。

第三节　运输价格的分类与运输产品定价

一、运输价格的分类及其结构形式

（一）运输价格的分类

运输价格可按不同运输对象、不同运输方式以及多种运输方式联合等划分为若干种类。

1. 按不同服务对象划分

运输业的服务对象主要有两类——货物和旅客，因此可分为货物运输价格和旅客运输价格两大类。

（1）货物运输价格

货物运输价格可按其适用范围、管理方式、货物种类及其批量大小等进行不同的划分。

①按货物运输价格的适用范围划分。具体可分为国内货物运输价格和国际货物运输价格两类，各种不同运输方式对此又有不同的规定。以水路货物运输价格为例，国内货物运价区分为交通部直属航运企业适用的货物运价和地方水运企业所适用的货物运价；国际货物运价按其适用范围主要有班轮公司运价和双边运价两种。班轮公司运价适用于所属班轮公司船舶的货运价格，我国远洋运输常用的几种运价有中国远洋运输集团第一号运价表等。双边运价为货方同船方协商制定的货运价格。

②按对货物运输价格的管理方式划分。具体可分为国家定价、国家指导价和市场调节价等几种。

③按运输货物种类及其批量大小划分。以货物不同种类划分，可分为普通货物运价、危险货物运价、冷藏货物运价、集装箱货物运价等。在普通货物运价中，一般又按其不同的运输条件和货物本身价值高低等因素划分若干等级。

以货物批量大小划分，一般将其区分为整批货物运价和零担货物运价两种，并规定后者价格高于前者。

（2）旅客运输价格

旅客运输价格可按其适用范围、管理方式以及旅客在途中占用的舱位的不同而进行不同的划分。其中对适用范围和管理方式的划分与货物运价基本相同，这里不再赘述。

2. 按不同运输方式划分

按不同运输方式，可划分为水路、铁路、公路、航空和管道运输价格等。也可按运输对象不同，区别为货物运输价格和旅客运输价格。

（1）水路货物运输价格

具体又可划分为国际海上货物运价和国内水路货物运价两大类。

①国际海上货物运价

班轮运价：指以班轮方式承运货物时规定的价格。它包括货物从装运港至目的港的海上运价及货物的装卸费率两部分。

航次租船运价：指船舶所有人和承租人在航次租船合同中约定的运输价格。由于租船市场基本上属于自由竞争的市场，因此，航次租船市场基本上是由运输的供求关系决定的，波动性较大。此外，其运价水平的高低还受运输货物的种类、数量的多少、船舶航行的区域和距离长短以及租船合同的其他条款如装卸时间的计算方法、装卸费的分担、运费支付的时间等因素的影响。

油船运价：指油船所有人和承租人在航次租船合同中约定的运输价格。

②国内水路货物运价

我国国内水路货物运价按不同航区分别制定。具体划分为沿海航区、长江、黑龙江、珠江水系以及各省内河航区等。各航区以不同货种、不同运输距离各自制定相应范围的货物运价。

里程运价：又称航区运价，适用于同一航区各港口不同货种、不同运距货物的运价。

航线运价：适用于两港口之间的直达货物运价。

联运运价：适用于水陆联运、水水联运等货物运输的运价。

（2）铁路货物运输价格

我国铁路除少数线路外均实行全路统一货物运价，并按不同货种、不同运距分别制定。

①普通运价。这是运价的基本形式，它适用于整个铁路，是全国铁路统一执行的运价。

②特定运价。这是运价的一种辅助形式，以补充普通运价。根据运价政策，对按特殊运输条件办理，或在特定地区、线路运输的货物，规定特定运价，对提高服务水平或改善服务质量的列车可实行与普通运价不同的特定运价。特定运价根据一定政策，比普通运价提高或降低一定数量，或改用较低或较高的运价号，有时也可单独制定特定运价率。

③浮动运价。对于因季节不同，运量差异较大的线路，可根据不同情况，实行不同季节的浮动运价。实行浮动运价，运价水平可以根据普通运价上下浮动一定的百分比。

④分线运价，对于新建铁路线路、分线或电气化改造线路，可以实行新路新价。对于具有特殊意义的线路，如大秦线等，可以根据政策实行不同于统一运价的特殊运价。目前分线运价一般高于统一运价。

⑤地方铁路运价。有些铁路不属于中央铁路管理。具有较强的地方性，这些铁路一般实行与中央铁路不同的运价。

（3）公路货物运输价格

我国公路货物运价由各省（市）行政区分别制定。具体按不同货种、不同运输条件和不同运输距离分别制定。

①计程运价。按整车运输和零担运输分别计算，整车运输以吨千米、零担运输以公斤为单位计价。

②计时运价。以吨位小时为单位计价，适用于特大型汽车或挂车以及计时包车运输的货物。

③长途运价。适用于长途运输的货物，实行递远递减的运价结构。

④短途运价。适用于短途运输的货物，按递近递增的原则采取里程分段或基本运价加吨次费的办法计算。

⑤公铁联运运价。公路、铁路联合运输的运价。

（4）航空货物运输价格

我国航空货物运价先区分国际航线和国内航线，然后按不同航线并考虑货物种类和批量大小等因素分别制定。

（5）管道货物运输价格

我国管道货物运价按不同管道运输线输送不同货种分别制定。目前输送的货种为石油类、压缩气体、水浆等。

（6）货物联运运价

货物联运运价按货物联运起迄点不同。可分为国内货物联运和国际货物联运两大类。前者指起迄地点均在同一国境内的运输；后者为跨越国境的运输。据此，货物联运运价可相应划分为国内货物联运运价和国际货物联运运价两大类，分别适用相应的运价规章或协议。

（二）运输价格的结构形式

所谓运价的结构形式，是指按货物运输距离的差别制定的运价或按不同运输线路制定的运价。一般将前者称为距离运价或里程运价形式，后者称为线路运价或航线运价形式。

1. 距离运价

距离运价即按货物运输距离而制定的价格。主要有两种制定形式：均衡里程运价和递远递减运价。

（1）均衡里程运价

均衡里程运价指对同一货种而言，货物运价率的增加与运输距离的增加成正比关系，亦即每吨千米运价不论其运输距离的长短均为一不变值。

公路货物运价之所以采用均衡里程运价形式，主要是因为公路货物运输成本的变化与运输距离的变化有其内在的联系。亦即其运输成本的增加与运输距离的增加基本上成正比，因此，均衡里程运价能较好地反映运输成本的变化。

公路货物运输按其营运过程。成本由三部分组成：始发地作业成本、途中行驶成本和终止地作业成本。由于汽车的装载量一般都较小，故始发地、终止地作业成本占全部运输成本的比例很小，在长途运输中尤其如此。而在全部运输成本中占绝大部分的行驶成本，诸如燃料消耗、折旧费、人员工资、管理费用、保险费、税费等与运输时间的长短基本呈正比关系。

而同一辆汽车的运输速度是基本固定的，这样，运输距离的长短与运输时间的多少亦基本呈正比关系。其结果，行驶成本的增减与运输距离的长短就有相同的正比关系，这为采用均衡里程运价提供了理论依据。当然，在实际制定运价时，考虑到短途运输中始发地、终止地作业成本的实际支出，另加一项"吨次费"作为公路货物运价的组成部分。但就是这样，它在基本运价中所占的比重亦很小。因此可以认为，我国公路货物运价基本上采用均衡里程运价形式。

（2）递远递减运价

所谓递远递减，是针对每吨千米运价随运输距离增加而相应减少而言的。递远递减运价指对同一货种而言，货物运价率虽然随运输距离的增加而相应增加。但并不呈正比增加，致使每吨千米货物运价随运输距离的增加而逐渐降低。

递远递减运价被广泛使用于我国水路运输和铁路运输中。这是由于水路、铁路运输方式在营运中发生的成本与运输距离之间的变化关系与公路相比有较大的差别的缘故。

在公路运输中，因货物在始发地、终止地的作业成本占全部运输成本的比重很小，故每吨千米运输成本基本上不随运输距离的变化而改变。而在水路和铁路运输中，由于运输工具的载重量比汽车大得多，故而在始发地、终止地发生的作业成本也较大。这样，在分析单位运输成本因运输距离发生变化时，这部分费用则不能忽略。在短途运输中尤其如此。由于无论在长距离或短距离运输中，若港的作业条件一样，作为同一运输工具在始发地、终止地的作业成本没有改变，因此，随着运输距离的增加，每吨千米的停泊成本或停驶成本会随之下降，最终使每吨千米运输成本也随之下降。这就是通常所说的单位运输成本的"递远递减"。为使运价能适应运输成本随运输距离的变化关系，故而在水路和铁路运输中采用递远递减运价。

2. 线路运价

线路运价指按运输线路或航线不同分别确定的货物运价。它被广泛使用于国际海运和航空货物运输中。

之所以采用距离运价的形式，主要是因为它能较好地适应运输成本随运输距离变化的规律。但也应该看到距离运价有其不足的一面。其一，单位运输成本的递远递减规律，应以运输条件相同或基本相同作为前提条件，亦即运输具有一定的区域性，否则距离运价便丧失制定基础。其二，在市场经济条件下，货物运价的形成除运输成本外，还受运输供求关系、各种运输方式的竞争等多种因素的影响。因此，以运输成本为基础的距离运价有时在实际中无法实施。

由于国际海运和航空货物运输线路一般都较长，而每条线路的自然和运输条件千差万别。即使运输距离相同，其发生的运输成本也会有很大差异。此外，各线路的运输供求关系、竞争状况以及社会、政治环境等各不相同，因此只有按不同线路分别确定运价才更符合实际。

从理论上看，无论何种运输方式，采用线路运价的形式比较符合运输价格的形成规律。但在实际操作中，由于港、站的密度大。加上货种复杂，为简化运价的制定和运费的计算，目前在我国水路、公路、铁路运输中采用距离运价有其合理性。但对航区或运输区域的划分应予以改进和完善。

二、运输产品定价方法与定价策略

（一）运输产品定价方法

企业产品价格的高低要受市场需求、成本费用和竞争情况等因素的影响和制约。企业制定价格时理应全面考虑到这些因素。但是，在实际定价工作中往往只侧重某一个方面的因素。大体上，企业定价有三种导向，即成本导向、需求导向和竞争导向。

1. 成本导向定价

这是以运输成本为基础的定价方法。运输成本是运输价值的近似反映，以运输成本为基础定价，可以使运输企业在补偿运输成本后仍有盈利。

（1）单位成本加成定价法

这种方法是以单位成本为基础，加成一定比例的定价方法。它以单位运输成本为低限，加上一定比例的盈利，即为相应的运价水平。

其中，加成率即为预期利润占运输成本的百分比。

（2）长期变动成本加成定价法

这种方法以长期变动成本为低限，以长期变动成本加上一定比例为高限来定价。成本加成定价法具有计算简单、简便易行的特点，在正常情况下，按此方法定价可以使企业获取预期利润。同时，如果同行业中的所有企业都使用这种定价方法，他们的价格就会趋于一致，这样能避免价格竞争；但它忽视了市场需求和竞争状况的影响，缺乏灵活性，难以适应市场竞争的变化形势。

（3）边际贡献定价法

边际贡献定价法是以变动成本为基础的一种定价方法。

其中，边际贡献指每增加一单位运量对企业所作的贡献，它等于每增加一单位运量所增加的营业收入与单位变动成本之差。

这种定价方法说明价格实现的营业收入必须超过变动成本，即边际贡献必须大于零。超过的部分是对企业的贡献。这一贡献首先用来补偿固定成本，补偿完全部固定成本以后的贡献才是企业的真正盈利。如果这一边际贡献不能完全补偿固定成本，就会出现一定程度的亏损。

采用边际贡献方法进行定价的优点是定价灵活性较大，不受固定成本的限制，适用于竞争激烈的环境。当市场价格或买方出价低于企业产品的总成本而产品又无其他销路时，如果企业还坚持按单位总成本定价，产品就卖不出去；而在停产时，固定成本依旧支出，企业亏损更为严重。按照边际贡献定价，只要产品价格高于变动成本，就可获得一部分贡献来弥补企业的固定成本。这样。一方面减少了企业的亏损，另一方面可维持企业生存，更为重要的是为企业重整旗鼓赢得了宝贵的时间。

（4）盈亏平衡定价法

所谓盈亏平衡，就是指企业生产某种产品所获得的销售收入恰好能够弥补其为生产和提供该产品所支付的全部成本，即总收入等于总成本。能够使盈亏平衡的运量称为盈亏平衡运量。而能使盈亏平衡的价格则称为盈亏平衡价格。但是，企业从事生产的目的并不仅仅是为了保持盈亏平衡。而总是希望在盈亏平衡的基础上能获得一定数量的利润。

2. 需求导向定价法

这种方法是根据市场需求变化情况来确定运价水平。当市场需求增大时，可以适当提高运价水平；反之，当市场需求减少时，可以适当降低运价水平。需求导向定价法是较为灵活的定价方法，它可以使运输企业通过调整运价，及时适应运输市场的发展变化。

（1）认知价值定价法

所谓认知价值定价法，就是企业根据购买者对产品的认知价值来制定价格的一种方法。认知价值定价与现代市场定位观念相一致。企业在为其目标市场开发新产品时，在质量、价格、服务等各方面都需要体现特定的市场定位观念，因此，首先要决定所提供的价值及价格；然后，企业要估计在此价格下所能销售的数量，再根据这一销售量决定所需要的产能、投资及单位成本；接着，管理人员还要计算在此价格和成本下能够获得满意的利润。如能获得的利润，则继续开发这一新产品；否则，就要放弃这一产品。

认知价值定价的关键，在于准确地计算产品所提供的全部市场认知价值。企业如果过高地估计认知价值，便会定出偏高的价格；如果过低地估计认知价值，则会定出偏低的价格。所以需要进行市场调研，以便形成指导有效定价的市场认知价值。

（2）需求差异定价法

在消费者需求中存在着需求的个体差异性，这种需求个体差异性往往因为消费者所处的社会、经济、自然、地理、文化等环境的不同，表现为个体需求层次的不同。在同一层次的消费者中，也会因其经济、地理、文化素养、民族习俗等方面的差异，年龄、职业、性别的不同而呈现对同一产品或服务的不同需求。需求差异定价法就是针对人们的种种需求差异，对同一产品或服务因市场需求的时间、数量、地点、款式、消费水平及心理差异而制定不同的价格，以满足消费者个体需求的一种定价方法。这种定价方法所制定的价格通常与产品的成本无关，只与购买者的需求状况相联系。

3. 竞争导向定价法

有市场就有竞争，运输市场同样如此。运输企业在制定运价时，适应竞争的需要是要考虑的重要因素之一。随着运输市场的不断发育和完善，运价的竞争将会愈来愈明显，当然，这种竞争应当在政府的有效管制之下。

（1）随行就市定价法

随行就市定价法根据同行业企业的现行价格水平进行定价。是一种比较常见的定价方法。这是在产品成本测算比较困难，竞争对手不确定，以及企业希望得到一种公平的报酬和不愿打乱市场现有正常秩序的情况下，常采用的一种行之有效的方法。

采用这种方法时，既可以追随市场领先者进行定价，也可以针对市场的一般价格水平进行定价。采用哪种方法，应根据企业产品的特征和产品的市场差异性而定。

（2）倾销定价法

倾销定价法是指一国企业为了进入或占领他国市场，排斥竞争对手，以低于国内市场的价格，甚至低于生产成本的价格向国外市场抛售商品而制定的价格。

采用这种定价法制定的价格，一般使用的时间比较短。一旦达到预期的目的，占领了他国市场后，企业就提高价格，以收回在倾销中的损失，并获得应得的利润或垄断利润。但是，采用这种方法制定的价格，易受反倾销法的限制和制裁，因而风险比较大。

利润陷阱定价法是一种以高价高利为诱饵设置的陷阱，引诱竞争者进入圈套后，再以低价击退对手的一种独占市场的竞争定价法。采用这种方法的目标有两个：一是尽可能地多吸取市场的利润；二是设置陷阱诱其他企业也投入该产品的竞争。企业采用该种定价方法要求具有较雄厚的实力和独特的技术优势，否则在激烈的市场竞争中就难以与竞争对手抗衡，难以维持价格垄断的地位。

（3）投标定价法

采购机构一般在报刊上登广告或发出函件，说明拟采购商品的品种、规格、数量等具体要求，邀请供应商在规定的期限内投标。建筑工程承包、大型设备制造、政府大宗采购等通常采用这种办法。卖方竞争投标，密封或公开报价；买方按物美价廉的原则择优选取，到期当众开标，中标者与买方签约成交。

企业参加投标的目的是中标，所以它的报价应低于竞争对手的报价。一般来说。报价高、利润大，但中标机会小，如果投标失败则利润为零；反之，报价低，中标机会大，但利润低，其机会成本可能大于其他投资方向。因此，报价时既要考虑目标利润，又要考虑中标概率。最佳报价应是使预期利润达到最高水平的价格，这里的预期利润是指企业目标利润与中标概率的乘积。

（二）运输产品定价策略

定价策略是指在制定价格和调整价格的过程中，为了达到企业的经营目标而采取的定价艺术和方法。

随着我国经济体制和企业体制的不断改革，运输价格的逐步放开和企业一定范围内定价自主权的落实，运输企业能够根据内外两方面因素的变化采取灵活的价格策略。

1. 运输新产品的定价策略

运输新产品是指运输企业提供新的运输服务项目或采用新的运输组织服务方式。新产品能否在市场上站住脚，并给企业带来预期收益，运价起着重要作用。

（1）撇脂定价策略

这是一种高价策略，就是在新的运输方式或项目开拓时期，运价定得很高，以便在较短的时间就获得最大利润。适用这种定价策略的新产品，一般在投入市场时竞争较小。企业利用消费者求新求奇的心理，以高价厚利迅速实现预期利润，同时使产品提高威望、抬高身价，为以后广泛占领市场打下基础。一旦竞争加剧，可采取降价策略，限制竞争者加入，稳定市场占有率。缺点是在新产品尚未在用户心目中建立声誉时，高价不利于打开市场，而如果市场销路旺盛则很容易引起竞争者加入，竞争者加入太多必然造成价格下降，使经营好景不长。

（2）渗透定价策略

这是一种低价策略，即在新产品投入市场时价格定得较低，使使用户很容易接受，以利于快速打开市场。采用这种定价策略的产品，其特点是潜在市场很大，企业生产能力较大，同时竞争者容易加入。这种定价策略适用于以下几种情况：

①某种运输服务的需求弹性大，低价可以促进销售。

②营销费用、运输成本与运输量关系较大，即运输量越大，单位运输量和成本费用越低。

③潜在市场大，竞争者容易进入，采用渗透价格利润微薄，别的企业不愿参加竞争，有利于扩大市场占有率。

④运输不发达、购买力弱的地区，采用渗透价格有利于逐步培育市场。

（3）满意定价策略

这是一种中间的价格政策，容易使运输企业与货主或旅客双方面都满意，故而得名。这种定价策略既可避免高价策略因高价而带来的市场风险，又可使企业避免因价低而带来的产品进入市场初期收入低微、投资回收期长等经营困难。采用这种策略时，企业将行业或社会平均利润率作为确定企业目标利润的主要参考标准，比照市场价格定价，避免不必要的价格竞争，通过其他促销手段扩大销售，推广新产品。

2. 心理定价策略

这是运用心理学原理，根据不同类型的用户在购买运输服务时的不同消费心理来制定价格以诱导用户增加购买的定价策略。其主要策略有：

（1）分级定价策略

分级定价策略即在定价时把同种运输分为几个等级，不同等级采用不同的运输价格。这种定价策略能使用户产生货真价实、按质论价的感觉，因而较易为用户所接受。采用这种定价策略时，等级划分不能过多，级差也不能太大或太小，否则会使用户感到繁琐或显不出差距而起不到应有的效果。

（2）声誉定价策略

这是根据用户对某些运输企业的信任心理而使用的价格策略。有些运输企业在长期市场经营中在用户心中树立了声望。当然，这种价格策略要以高质量作保证，否则就会丧失企业的声望。

3. 折扣和让价策略

企业为了鼓励顾客大量购买、淡季购买、及早付清贷款等，还可酌情降低其基本价格。这种价格调整叫作价格折扣或折让。主要有以下几种：

①现金折扣。即企业对以现金付款或提前付款的用户给予一定比例的价格折扣优待，以促进确认成交，加快收款，防止坏账。

②数量折扣。即因用户托运货物数量大、购买客票数量多所给予的折扣优惠。数量折扣又分为累计数量折扣和一次数量折扣。前者规定在一定时期内购买量达到一定数量即给予的折扣。这一策略鼓励用户大量或集中向企业购买。

③季节折扣。运输生产的季节性很强，在运输淡季时给予一定的价格折扣，有利于刺

激消费者均衡需求，便于企业均衡运输组织作业。

④代理折扣。即运输企业给运输中间商的价格折扣，以便发挥中间商的组货、组客功能，提高企业的市场占有率。

⑤回程和方向折扣。即在回程或运力供应富裕的运输线路与方向给予价格折扣。以减少运能浪费。

⑥复合折扣。即在竞争加剧环境下，同时采用多种折扣组合争取顾客购买，如给予货主或旅客在本企业办的饭店、旅馆中住宿的优待等。

4. 差别定价策略

差别定价是指企业根据不同顾客群、不同的时间和地点，对同一产品或劳务采用不同的销售价格。这种差别不反映生产和经营成本的变化，它有利于满足顾客不同需求和企业组织管理的要求。从具体运作上说，则是航空公司利用收益管理系统，在大量数据信息收集整理的基础上，利用相关软件进行分析，最终决定超售、多级舱位、流量流向控制的具体限额，尽可能多地以全价销售客票，兼顾客票销售收入大小与客座率的高低，以实现航班收入最大化。

5. 价格调整策略

运价制定以后，主客观情况的各种变化会影响到已定运价，需要及时调整价格。调整运价分为主动调整和被动调整两种情况。

（1）主动调整

主动调整指企业因市场供求、成本变动需要调高或调低自己的运价。调低价格策略适用于运力供过于求，运输市场竞争激烈，或是本企业成本降低，有较强成本优势，企业欲利用该策略扩大市场占有率等情况。调高价格策略适用于运力供不应求、企业因非经营因素所导致的成本上涨等情况。

无论采用调低还是调高价格策略，企业在价格调整之前须对竞争者、顾客、企业自身情况进行认真分析，包括竞争产品的成本结构、竞争者过去的价格竞争行为和习惯、竞争者生产能力的利用情况、顾客对该产品的市场需求量大小、顾客对该产品价格敏感程度、企业各项产品与竞争者产品线之间的竞争关系、企业的经济实力和优势劣势等。在此基础上做好调价的计划，包括调价的时间、调价的幅度、是一次调整还是多次调整以及调价后整个市场营销策略的变动等。调价后要注意分析顾客和竞争者对调价的反应，以及企业市场占有率和收入利润的变化。

（2）被动调整

被动调整是指在竞争对手率先调价后，本企业据此作出的反应。企业同样须对竞争者、顾客及本企业情况进行分析研究进而作出决策。一般说来，企业对调高价格的反应较容易，竞争者具备某些差别优势，考虑到提价的不利因素，没有把握不会提价，若本公司也有相似优势，正好跟进；若本公司不具备类似优势，则不宜紧随，待大部分公司提价后，本公司再提较为稳妥。对于竞争者率先降价，企业一般反应较慎重，通常有三种处理方式：一是置之不理，这在竞争者降价幅度较小时采用；二是价格不变，但增加服务内容或加大销售折扣；三是跟随降价，一般在竞争者降价幅度较大时采用。当然，提高和降低价格对企业都是有风险的，实际操作较妥当的方法则是企业稳定价格策略。

第四节　运输价格管理

当今世界各国虽然采用不同类型的市场经济体制，但在商品或劳务交换过程中，对价格并不都是自由放任的。国家对价格的管理已普遍成为各国政府加强宏观调控的重要手段，对运输价格尤其是这样。

运输业是连接商品生产与消费的桥梁和纽带。若作为运输产品交换媒介的运输价格因市场秩序混乱、管理不规范而被扭曲并发出一种失真的信号，会导致严重的后果。若货物运价信号失真，则会直接影响商品的正常交换，并导致运输企业经营决策的失误；若旅客票价信号失真，则会严重扰乱人们正常的工作、生活秩序。

所谓运输价格管理，是指根据运价本身运动的客观规律和外部环境，采用一定的管理原则和管理手段对运价的运动过程所进行的组织、指挥、监督、调节等各种职能活动的总和。具体包括：规定运输价格的管理模式、管理原则、管理形式和实施管理的基本手段等。

一、运输价格的管理模式

运输价格的管理模式是指在一定的社会形态下，国家对运输价格的形成及运行机制等的调节方式。运输价格管理模式的类型取决于社会经济性质和整个社会的经济模式。也就是说，社会经济及其运行模式不同，形成了不同的价格模式，而运输价格管理模式则从属于社会的价格模式。

在社会主义市场经济体制下，社会经济的运行模式应该是"国家调控市场，市场形成价格"，价格引导企业即国家主要运用间接手段，调节和控制市场。在此条件下形成市场价格，引导企业对商品实施生产、流通、消费和分配。而这种被称为"有控制的市场价格"模式，应是我国价格管理的目标模式。同时也是我国运输价格管理的目标模式。

运输价格管理采用有控制的市场价格模式，其积极作用的发挥是有一定前提或条件的。归纳起来，主要有以下几方面：其一，市场机制必须与计划机制有机结合；其二，要有一个健全的运输市场体系，市场主体、行为都要求规范化；其三，要有一个比较宽松的社会经济环境，特别是要有一个相对平衡的运输市场供求环境；其四，需要国家的各种法律手段、经济手段、行政手段等有效的调控和指导。

二、运输价格的管理原则

国家对运输业实行有控制的市场价格管理模式时，其管理原则是：统一领导、分级管理；直接管理与间接控制相结合；保护竞争、禁止垄断。

（一）统一领导、分级管理的原则

运输价格管理的"统一领导"，是指涉及全国性运输价格管理工作的价格方针、价格调控计划、定价原则、调价方案与步骤、价格管理法规等内容应由国务院价格主管部门统一制定、统一部署、全面安排。并借助一定的组织程序和组织机构，采用相应的管理手段，对运输价格管理过程进行组织、监督、调节和协调。

运输价格的"分级管理"，是指各级政府、运输主管部门按照各自的价格管理权限，对运输价格和收费标准实施的管理。

（二）直接管理与间接控制相结合的原则

对运输价格的直接管理，是指国家直接制定、调整和管理运价的一种行政管理方法。这也是我国 20 世纪 80 年代以前对运输价格管理使用的一种主要方法。其基本特点是运价由国家价格主管部门或业务主管部门直接制定并调整，并采用行政手段，强制企业执行。运输价格一经制定，具有相对稳定性。

在社会主义市场经济体制下，在一定范围内保留对价格的直接管理是有必要的。即使是实行自由市场经济体制的国家也不例外。就我国而言，铁路运输和航空运输基本上由国家垄断经营，对国家铁路的客货运价、航空运输的公布运价等实施国家直接管理。如果不

这样，会导致垄断价格，使市场调节作用弱化，最终影响国民经济的正常发展。

对运输价格的间接控制，是指国家通过经济政策的制定与实施，并运用经济手段来影响市场定价环境，诱导企业定价行为的一种价格控制方法。它的基本点是国家不直接规定和调整运价，而主要采用经济政策和经济手段来诱导运输企业作出准确的价格决策。

按照前述的运输价格管理采用有控制的市场价格模式，就是要建立以市场形成价格为主体，国家宏观调整的运价形成机制。其实施途径应采用直接管理与间接控制相结合，并以间接控制为主的方式。对于水路、公路运输，随着运输市场的开放，多种经济成分、多渠道的运输格局已经形成，除对少数必须列入国家指令性货物，如抢险救灾、军运物资等实行运价的直接管理外，其余货物运输价格均采用间接控制的办法，即由企业根据市场供求的变化自主定价。而铁路、航空运输因垄断性强，市场发育程度不高，当前对其运价仍以采用直接管理为主。但随着我国现代企业制度的建立，运输市场供求关系日趋缓和，应逐步缩小国家指令性货物运输范围，最终达到主要由企业根据市场供求情况自主定价。

为达到政府部门对运输市场交易进行监控的目的，并引导运输企业在运输市场交易中合理定价，国家应建立和完善运输价格信息网络。这样，运输企业可利用计算机终端及时掌握自身需要的运价信息。与此同时，交通部运价信息监控中心应定期或不定期地向全国水运系统发布主要航线、主要货种的运价指数，分析运价变化走向，并开展对运输价格的咨询服务。这样，运输企业便可根据自身的条件，参与运输市场的正常交易。若在某些航线发生运价指数异常，大大背离以往正常交易下的指数，运价信息监控中心在进一步确认的前提下，应亮"红灯"以示警戒，必要时应采取果断措施，责令有关航运交易所暂停交易，以保护运输企业或货主的利益。

（三）保护竞争、禁止垄断的原则

价格竞争是商品经济发展的必然产物。在客货运输质量大体相同的条件下，通过不同运输方式之间、同一运输方式各企业之间的运价竞争，达到运输资源的合理配置和提高企业的经济效率。保护竞争，实质就是实行"公平、公开、公正"的市场交易。而地方保护主义、"地下"交易和"黑市"交易等就是不正当竞争行为。

三、运输价格的管理形式

国家采取何种价格管理形式，是价格管理的最基本内容，是由管理模式决定的。我国一般采取三种运输价格形式，即国家定价、国家指导价和市场调节价，并限定其各自的适用范围。

（一）国家定价

国家定价是由县级以上各级政府价格部门、运输主管部门按照国家规定的权限制定并负责调整的运输价格。

我国对国家铁路的客货运价实行国家定价。由于国家铁路由国家直接参与经营，具有较强的垄断性。因此其价格由国家直接制定并实施管理是很有必要的，否则会扰乱正常的运输秩序。但应该看到，按有控制的市场价格模式，国家定价不等同于过去计划经济体制下的"固定价格"，而是在定价时，除了反映运输价值外，还应注意在市场经济条件下的客观经济规律的要求，诸如运输市场的供求关系、与其他运输方式之间的比价关系等。同时，还应根据运价指数的走向，定期与不定期地对运价进行调整。

（二）国家指导价

国家指导价是县级以上各级政府物价部门、运输主管部门通过规定基准价、浮动幅度或最高、最低保护价等形式制定的运输价格。

我国对于水路、公路中的旅客运输以及属于国家指令性计划内的货物运输均实行国家指导价。由于我国水路、公路运输市场已基本确立，市场竞争机制也已基本形成。从理论上看可不失时机地全部实行市场调节价。但目前对于旅客票价以及属于关系到国计民生的重要物资、抢险救灾物资等列入国家指令性计划运输的价格仍不宜仓促放开，否则会造成社会不安定或给人民生活带来较严重的影响。即使如此，国家还是应兼顾运输企业的经济利益，由企业根据市场供求情况在规定的浮动幅度范围内自主定价。

（三）市场调节价

市场调节价是运输企业根据国家有关政策和规定，主要通过市场供求情况自行确定的运输价格。除国家定价和国家指导价外，运输企业均采用市场调节价。目前我国公路货运和水路运输已经完全放开，实行市场调节价。

按照我国运输价格的管理模式，最终应实现以市场调节价为主、国家定价和国家指导价为辅的价格管理形式。这样。才有利于价值规律在市场体系中真正发挥调节运输供求，合理配置运输资源，提高运输企业生产效率等作用。只要国家所采用的调控手段运用得当，市场调节价必然会推进运输业乃至整个国民经济的健康发展。

四、运输价格管理的基本手段

根据有控制的市场价格模式及其相应的直接管理与间接控制相结合的管理原则，运输价格管理手段应是法律手段、经济手段和行政手段的三者结合体。

（一）以法律手段管理运输价格

价格管理的法律手段，是指国家通过制定价格法律、法规对价格进行规范化的管理。就运输价格而言，就是指规范其管理形式和管理权限、调价的基本原则、保护措施、禁止运输价格垄断和暴利行为的措施和制裁办法等。

（二）以经济手段管理运输价格

市场调节实质上是利益机制的自动调节。它是通过价格信号使社会资源流向需要的、效益高的行业，从而达到资源的优化配置。但它同时又有自发性和调节的滞后性，这样有可能导致资源的浪费。当一个部门产品供不应求，引起价格上升，从而利润率较高时，社会资源就会自动流向该行业并由此得到有效的利用。但这种流动只有在超过供求均衡点以致造成供给大于需求、价格下跌、利润率降低时才会停止。结果，这个行业因生产能力过剩而造成社会资源的浪费。

以经济手段管理运输价格，是指国家利用财政、税收、货币、信贷、投资等经济手段来影响和控制运价水平，即变原来的事后价格对资源的调节为事先调整运价的形成机制，从而达到社会资源的合理配置和运输能力的最有效使用。

运输业是一个初期投资大、投资回收期长、对国民经济发展具有举足轻重作用的基础产业。除了运输企业本身应适应运输需求的变化，准确选定、实施经营决策并改善经营管理外，国家应对运输业进行必要的扶植。世界各国大都对运输业推行经济扶植政策。

（三）以行政手段管理运输价格

行政手段是指国家运输主管机关或部门运用行政命令，下达统一的运价和实施带强制性的措施和监督等办法，管理和协调各种价格关系的一种手段。

我国长期以来主要通过行政手段来管理运输价格，这在计划经济体制下是完全必要的。在市场经济体制下，应更注重法律手段或经济手段管理价格，但也并非完全取消采用行政手段。但是，随着我国经济体制改革的进一步深化，以行政手段管理运价的范围应逐步缩小，否则会损害运输企业的经济利益而影响运输市场的正常交易。当前，各地正在筹建或已经设立的运输行业协会，采用集法律手段、经济手段、行政手段于一体的价格管理模式，效果明显，值得推广。

第五章　运输与管制

第一节　运输外部性的控制

一、控制运输外部性的政策选择

（一）控制运输外部性的目标

几乎在所有情况下，环境的改善都将减少运输使用者所享受的净效益。经济学家往往考虑尽可能降低污染水平而不是彻底地"净化"环境。在提到由不同运输方式引起的过度环境危害时，务必要记住危害指的是超出最优污染水平以上的那部分，而不是指零污染水平或者人们感觉"纯净"环境以上的那部分。因此，理想地应该把外部性控制到这样的程度，即"进一步降低外部性的边际社会成本将超过边际社会效益"。

（二）控制运输外部性的方法

经济学家一般主张只要有可能就应尽量采用市场手段，政府通过经济手段可以获取可观的收入，以补偿那些受外部性损害或因政策影响需要调整自身行为的群体。当严格的内部化或纯经济手段在现实中难以实行，这时政府的直接管制和其他行政命令就成为控制环境损害的必要途径。

而在越来越多的情况下，经济手段与行政措施相结合也许更为有效，因为它们既避免了一些靠实行纯内部化无法克服的难点，同时又保留了市场手段为运输使用者所提供的经济激励。因此，最常见的控制外部性的方法是政府的反污染政策，通过直接控制或财政激励来引导厂商矫正外部性；更细致的办法是明确并加强产权管理，以以促成部门之间通过协商达成更加有效的解决办法。

（三）控制运输外部性的政策工具

经济学家们一般认为市场调节由于以下原因而会比政府过多干预更为有效：灵活的价格变动能够自动显示经济稀缺性、分散化的决策有助于政策的及时调整、利益与损失的直接和迅速反馈以及由竞争激发的高效率等。而在治理运输外部性方面，相对灵活的价格政策与行政管制政策相比的优势在于，前者能够影响个人决策过程的各个方面，而且对政策响应的模式是由个人来决定的。通过交通运输价格的变动，个人或企业可以灵活地做出反应。这样由千百万个体决定的行为改变积累在一起，就可能比较好地实现节约能源、减少污染等可持续运输的目标。

二、控制运输外部性的市场手段

（一）"污染者付费"原则

1. 污染者付费原因

正如英国新制度经济学的创始人科斯（Ronald H. Coase）所指出的，在优化外部性时有一个不可避免的问题，这涉及人们观察外部性时使用的观点。他认为，从理论上说可以消除外部性，办法是将环境财产权分配给污染者或被污染者并允许这些权利进行交易。这样做是受害者应当得到保护，还是受益者因停止当前的交通活动应当得到补偿？虽然从效率的观点看，并没有一个清晰的答案，但从道义上说，污染者应该为他们给环境造成的过分破坏付费。

2. 庇古税的思想

实际上，这不是一个新的想法，政府部门应对环境负有责任，对环境的破坏者征收适当的使用费——以使外部成本内部化，这样的费常被称为"庇古税"。

但在过去的几十年里，它一直被争论和精炼。可能最重要的原因是，征收庇古税的是政府管理部门，主要的受益者也是它。在上面的例子中航空公司受到损失，那些受干扰的居民因噪音水平的降低而受益，但又不能完全摆脱干扰。由庇古税产生的收入并不直接给予那些仍然受到遗留下来的噪音影响的人。

（二）拥挤收费

1. 拥挤收费原理

人们不仅仅是在污染领域提倡对外部成本制定价格。一种优化拥挤水平的想法是，利用价格机制来使旅行者充分意识到他们之间相互施加的影响。这个想法是：汽车驾驶者进入一条拥挤道路时应为他们造成的"过分"拥挤支付费用，或者飞机在一天中繁忙的时间着陆应付额外费用。就公路交通来说，理想的做法是，与污染费一样，汽车驾驶者应向受到拥挤影响的公路使用者付费。但实际上，这显然是难以做到的。因而，符合逻辑的想法是，有关的公路管理部门有责任征收拥挤费。

2. 最优拥挤费的制定

效率原则在逻辑上也同样要求运输使用者为出行的边际成本付费，即每一位道路的使用者都支付由其引起的边际成本。这意味着除了支付燃油费、维护费、车辆折旧和自己驾车时间的成本，新加入的驾车者还应该承担他所引起的其他驾车人的时间损失。最优道路价格，反映的正是出行的边际成本和平均成本之间的差异。

道路并不是人们实施拥挤收费的唯一领域，实行拥挤收费对机场也具有同样的作用，因为那样做，机场的跑道就可以由那些愿意多支付费用的航空公司或飞机使用，达到提高效率的目的。由于小飞机特别是私人飞机一般不会像大型飞机那样有能力支付额外的跑道使用费，因此大型飞机就容易拥有在大型机场每天最优时段起降的优先权，而机场不必非要修建新跑道才能达到提高旅客吞吐能力的目的。那些载客较少的飞机和私人飞机则会自动选择在非高峰期或其他非主要机场起降。

3. 拥挤收费的争议

虽然道路拥挤收费的基本理论比较简单，但人们对实施该理论的详细方法却一直争论不休。以下就是一些存在争议的领域：

（1）难以设计出征收拥挤费的可行方法

城市地区的拥挤程度不同，但是对道路网中的每个路段收取不同的费用显然是很困难的。为了使驾车人在事前就得知出行的拥挤成本，需要根据交通状况的实时变化来测算拥挤费并及时通知潜在的出行者，以便让他们进行思考和选择。此外，必须采用高效率且方便的收费方式和专门设施以免造成附加的拥挤，设计、安装和管理这样的系统当然是花费巨大的。必须发展先进的电子系统，能够随时高效率地识别、记录现有车辆的情况、收费并能普遍告知交通状况和价格信息。这样的系统过去很难设计和实施，在目前电子和信息技术越来越发达的条件下则已经有了实现的可能。

（2）可能会对分配产生不良影响

对道路定价后，道路的使用便取决于潜在使用者支付拥挤费的能力。这是否会对社会福利产生不良的递减效应，可能只是个全凭经验决定的问题。拥挤收费如果有效，富人和政府官员可能由于能够"购买"不拥挤的道路空间而获益，因为他们重视时间的节省或无需自己付费；而能更自由地运行的公共交通工具，很可能将为经常惠顾它的低收入阶层提供更好的服务。

（3）难以处理所征得的收入

既然是为了提高社会福利，那么，道路拥挤收费的收入必须要较为慎重地进行再分配。基于分配的理由，虽然一部分钱可以用来改进公共交通，但严格说来直接将钱转移给先前的道路使用者，对实现社会目标会更为有效。然而，直接返还给以前的驾车人带来的问题是，他们可能会用一部分钱来"买回"道路空间。补偿受到不利影响的驾车人的另一个可供选择的方法是，使用道路拥挤收费的收入来建设更多的道路。当然，也可以将这些收入看成是纯粹的税收收入，作为一般公共支出的一部分来使用，这样可以处理更广泛的效率和分配的问题。

（4）可能会引起通货膨胀

如果道路定价的负担落在最终消费者身上，那么道路拥挤收入对货运成本的影响可能会引起通货膨胀。当然，由于货物运输成本与时间也有关联，因而道路拥挤收费导致的拥挤程度的降低可能会减少货运的时间成本，从而会抵消部分拥挤收费的财务成本。

（5）可能会引起城市中心区的衰落

道路拥挤收费会增加在大城市驾驶车辆的费用，有人认为这会加剧城市郊区化或者市中心区衰落的进程。但很难说这是一个合理的推断：征收道路拥挤费只不过是把本来就已经提高了的驾车代价货币化，它应该导致人们更为合理的出行和区位选择行为，到市中心的通勤时间肯定会因此而缩短，公共交通也无疑会变得更有吸引力。

（6）道路使用的需求函数要比简单分析所表明的复杂

有学者认为，可能不存在最优的道路价格，因为需求处于这样的状况，即道路定价将依照所征收的费用数额导致或多或少的交通量。当然，这只是一种理论上的可能性，毕竟，在基本分析中使用的平滑曲线仅仅对说明问题有帮助，需求曲线的实际形状是一个由经验决定的问题，只能根据实际经验才能解决。

（7）可能涉嫌侵犯个人隐私

道路电子收费系统的使用有可能引起关于个人自由或隐私权的问题。在有些国家和地区，人们对电子系统可以通过全面记录车辆的时空位置而侵犯驾车人的隐私权而表示异议，因此这种系统可能还需要进行这方面设计的调整。

高速公路、快车道之类展示了一个更为困难的问题。因为这些道路的绝大多数不是收费道路。要演化成一个新的收费系统，在收费亭旁就一定会出现堵塞。高速公路的使用是通过对汽油购买收取附加费的体系间接支付的。汽油的购买是根据行驶的公里数的比例为标准的。因此从根本上说，每个人为高速公路使用的每公里支付统一的费用。奔波于被堵塞的快车道上的驾车人，与星期天行驶在乡村的人要支付同等数额的价格。任何试图为使用高速公路而征收高峰负荷定价附加费的制度一定会引起一些愤怒。有一种论点总是说：只有那些较为富裕的人才能从中获益，因为只有他们能付得起在高峰期间通向未堵塞的高速公路所需的费用。当然，这一论点忽视了合乘汽车的可能性，以及集体运送的替代方案。但是，主要的障碍是实施中的障碍。结果是，多数国家几乎未付出努力去实施任何堵塞定价制度。

三、控制运输外部性的其他政策手段

（一）标准与规章

收取污染费能使外部成本最优化。公路上执行的速度限制主要旨在降低事故风险并有节约燃料的补充效果。许多国家强迫驾车者系上安全带也是为了降低事故成本。同样，定期检测车辆和给卡车和飞机等载运工具发放许可证，都是为了保证达到最低的安全和环境标准。它们所要达到的目的是相似的，即减少运输的边际环境成本。

虽然以上所述都是控制污染的实际规章，但应该把它们严格地划分为两类：一类是对外部性的直接控制；第二类是通过控制运输来减少外部成本。这两类措施的实际效果是不同的，噪音标准直接用于限制外部后果，但允许其他经营特征自由调整；而行驶线路的限制要严格得多。

来对比一下环境税与噪音标准。考虑到标准或规章一旦制定，就不能轻易地频繁改动，对污染的定价可能比实施噪音标准更加灵活。同时，由于技术是可变的，污染定价也会优于规章，因为前者会鼓励迅速采用更洁净的技术。

一种可能的选择是采用环境税与排放标准相结合的方法。采用这个方法时，所有的车辆都必须满足规定的标准，而且超标的车辆要被"罚款"。如果标准是严格的和大大低于现有排放水平，那么这就和定价方法一样有效，与此同时为车辆经营者提供努力的明确目标。不过，这种税收与标准相结合的方法还是用在车辆的制造阶段更为有效，因为在这个阶段最容易把新技术注入运输部门。

（二）运输补贴

还可以用另一种方法来直接产生外部性的运输企业，就是为运输使用者提供好处，即补贴，使他们转向更合乎社会需要的运输方式。如果是中央或地方政府向某项服务提供补贴，那么可以把它看作是政府对该服务的需求，可以与其他消费者的需求一起对待。这个理由一直被广泛地用来为向铁路和城市公交部门提供大量补贴作辩护多。在完全竞争的世界中，是没有理由采取这种政策的，但如果边际成本定价并不普遍或者政治上的权宜之计反对采取像道路定价这样的措施，补贴便可以为解决外部性问题提供可行的次佳方法。

如果运输和其他商品之间的交叉需求弹性微不足道，而运输的总需求又完全没有弹性，那么，提供给不产生外部性的运输方式的最佳补贴，就会对使用产生外部性的运输方式产生与污染收费相同的效果。如果总的需求不是完全无弹性的，那么最佳的补贴将难以确定，尽管它依旧可以为解决外部性问题提供一种次佳的办法。

这种方法的实际困难是最佳补贴可能性极大，而且从理论上说，如果各种运输方式间的交叉需求弹性较低，甚至可能导致负票价。这种方法还被另外两点弄得很复杂。第一点是，如果是为了通常的收入目的而给予运输企业以一次性的补贴则会出现如何最有效地利用这些补贴和对消费者征收适当费用的问题。尤其是很难确定定价和经营目标来确保管理部门能够有效地运用这种固定的补贴以达到它们想要达到的福利目标。在这种情况下，商业性标准会导致垄断性剥削，这是与补贴所要达到的社会目标背道而驰的；而社会福利最大化标准又会破坏成本、价格和产出之间的联系，即以过高的成本提供服务。尽管一些国家的管理部门已经使用一定的方法尽量减少这样的损失，但不能完全肯定，在长期内这些方法能不能解决问题，因为当前得到补贴的经营者实质上对潜在的新供应者来说享有经验经济。第二点是所要求的补贴的性质问题。

（三）对受害者的保护

到目前为止，人们所考察的策略要么是强迫外部性的产生者改变其生产方法，要么是鼓励他们采用不同的经营方法。实际上，除此之外，还可以将公众和环境侵害隔离开来。

在短期内，可以通过使交通远离敏感地区，或者从物质上保护人们和财产来实现这种隔离，而从较长时期来看，新的投资能使运输更加有效地与那些受其广泛影响的人分离开。

采取长期和短期保护性措施的问题在于：它们的影响经常比简单地保护社会上的敏感人群广泛得多，而它们的总成本则可能相当可观。限制飞机的飞行线路既提高事故的风险，又增加经营成本。同样，改变卡车路线需要更高的基础设施成本和经常导致更长距离的行程。

从长期来看，在理论上空间经济的设计比较容易，可使运输对环境的影响显著降低，有许多选择可以利用，其中包括：在居住区和令人讨厌的噪音之间设置隔离带；使用不敏感的建筑物作为噪音和敏感区域之间的屏障；设计住宅时，将很少使用的房间而不是卧室和起居室面对噪音；使用自我保护的办法。当然，这些设计显然会增加成本，而其只能部分地解决环境问题。像大部分短期保护性措施一样，它们只能减轻人们在家时遭到的环境侵害。土地利用规划也只能提供有限的保护，尤其是在减少事故风险方面一但是它不可能将交通与非旅行者完全分开。

四、控制运输外部性的私人方式

除了上述的政府行为之外，运输外部成本的控制还可以采用私人方式。一个普遍的假设是，某种形式的政府干预在克服污染和其他外部性导致的市场失灵问题时是必不可少的。实际上，产权的修正而不是政府的直接干预有时候也可产生有效率的结果。私人方式有两种：责任规则和私人谈判。

（一）责任规则

一种方法是依靠责任规则的司法途径，或归于民事侵权一类的问题，而不是直接的政府管制。这里，外部性问题的制造者有法律责任向受害人进行赔偿。事实上，建立一个恰当的责任系统，外部性就被内部化了。在某些领域，这类规则已经确立和颁布。责任规则从理论上讲，是将生产非市场化的成本进行内部化的一个很好的方法。但在现实中，责任规则的应用却十分有限。它通常需要高昂的诉讼成本，这增加了原先的外部性成本。而且，由于产权并不完全，或者外部性涉及大量的企业，许多受害方很难或根本无法起诉。

（二）谈判和科斯定理

当企业不为其破坏环境的行为负责的时候，有学者认为，只要产权清晰，交易成本较低，经过有关当事人的自愿协商和谈判，就能导致一种有效率的结果。经济学家认为，在这种财产权的交易市场上，居民通过出售部分宁静产权保护了自己的利益，而不是强迫驾车人不出声或绕道行驶，驾车人则通过购买一定的噪声制造权也实现了自己的利益，因此是得到各有关利益集团的响应而获得了资源的最优配置。如果采用政府强行规定噪声标准或噪声罚款的办法，就不可能得到这种最优化的响应，因为政府措施只以管制一方对象为目标，也就丧失了受噪声影响的一方发挥作用的诱因。应该进一步指出的是，运输外部性的内部化主要关心的是资源如何得到更有效利用，而在市场中谁最初拥有相关产权却并不特别重要。

只要有关产权可以明确界定，而且不存在交易成本，那么最后的结果也将是在双方共同努力下实现那个最优的噪声水平。还有分析指出，在引入污染税或者补贴等机制时情况也是类似的，人们既可以通过对污染制造者征税，也可以通过对他们减少污染排放实施补贴而达到同样的减轻污染的目标。

五、优化运输外部性的复杂性

（一）运输外部性的关联性

优化运输的外部效应是一件复杂的事情。需要指出的是，许多外部性是相互关联的，人们无法在一个局部的框架中加以适当处理。道路定价可能起到优化城市交通拥挤的作用，但这样做的同时，也可能会将交通流量转向对噪音和震动更敏感的地区；更快的交通流可能导致车辆数量的减少，但也可能造成较少但更加严重的交通事故。迄今为止，很多相关研究和政策还是零碎的。大部分对运输的环境方面所做的研究都存在这样一个共同的问题，就是不甚了解运输产生的不同外部效应的实际影响和社会对它们的评价。

（二）运输外部性内部化的困难

从更加宏观的意义上看，运输外部性不能完全依靠市场力量去解决。因此除了需要更多地采用经济手段，必要的行政手段无疑也是必不可少的，此外还需要更多地唤醒人们的环境意识，借助道德的力量。如果所有的手段都不能有效地解决人类运输活动对地球环境的负面影响，那么前景就是十分黯淡的，至少对相当一部分学者来说是这样。

（三）资源和环境的产权问题

从经济学来说，完全或纯粹的内部化只有在有关资源和环境的产权得到完全明确的情况下才会出现。产权确定之后，各产生影响和被影响的集团之间才可能或者通过产权交易以使资源达到最优利用，或者减少或合并其经济活动，以迫使他们为了共同的利益而调整自己的行为。在纯粹内部化过程中无法回避的实际问题是，对环境资源的产权界定和使用监测存在着巨大困难，这样就会在有关的管理上形成大量交易成本。不可能完全准确地追踪并测量每一部机动车船、飞机等在每一个时刻的污染排放量或产生的噪声，也不可能完全准确地测量这些污染或噪声对每一个被影响对象的实际损害程度，特别是这些外部影响的施加者和被损害者可能都处于移动的状态之中。产权界定和监测难度的增加，必然导致在所设计的产权交易中交易成本急剧增加。

（四）外部性的准内部化

运输外部性问题的解决在实际上很少采用纯粹内部化的方法。实行像庇古税以及行政命令等手段，也可以在一定程度上以内部化方式降低运输的外部成本，因为运输业者或使用者由于成本增加而减少了运输量，但这些也还不是严格的纯粹内部化措施，而只是"准内部化"的过程。这些措施并没有为运输的外部性营造出一个市场，因为只有一方面的利益人或集团在承受措施实行所带来的影响，它们代表的是政府采取的诱导人们行为的措施。

第二节 运 输 管 制

一、管制理论

（一）管制产生的原因

1. 管制的概念

管制的基本内容是制定政府条例和设计市场激励机制，以干预经济主体的价格、销售或生产等决策。政府既可以用行政命令也可以用市场激励的办法来努力控制整个经济活动。历史上，管制的主要形式是直接干预，即政府发出指挥与控制命令，通过这样的管制，政府命令人们从事或者放弃某些经济行为。近年来，经济学家正致力于倡导政府试行一种新的管制：市场激励。管制经济学领域存在着若干种关于为什么会出现管制的理论，其中具有代表性的是管制的公共利益理论和俘获理论。

2. 公共利益理论

经济学家们早就认识到，实际上市场可能受到严重的不完善之苦，即市场失灵。市场失灵是指市场无法有效率地分配商品和劳务的情况。对经济学家而言，这个词汇通常用于无效率状况特别重大时；另一方面，市场失灵也通常被用于描述市场力量无法满足公共利益的状况。对于运输行业来说，市场的这些不完善之处或市场缺陷会给运输服务的使用者带来不利的影响，或者是价格过高，或者是提供的服务有危险，或者这些服务会危害第三者，或者现在的经营者的损人利己的定价行为会减少愿意提供运输服务的其他企业的潜在的独立发展机会，从而阻碍它们进入市场。而政府管制是为了克服市场失灵造成的问题，保护社会公众利益。这便是政府管制的"公共利益理论"。许多论点和某些值得怀疑的经济学逻辑，被带进关于运输管制的争论中，最吸引人们注意的那些"市场失灵"包括：

①抑制垄断权力。这在铁路运输中最为突出，从19世纪30年代后期开始的近100年来铁路控制了内陆运输，今天虽然在某些运输活动领域垄断权力仍然存在，但是许多运输方式中的技术进步。降低了纯粹垄断剥削的可能性，至少在发达国家中是如此。

②控制外部性。市场机制的缺陷，可能导致运输活动产生不直接包括在私营部门决策之内的成本——污染和拥挤是人们关心的主要事情。

③提供公共商品。由于运输基础设施的某些项目，如公路，具有明显的公共商品的特性，也就是无排他性和无竞争对手，因而有人认为如果没有政府干预，它们的供应最乐观地看也是不足的。但是，应该在何种程度上把这样的基础设施看作公共商品，常常取决于最初实施的政策。

④提供高成本基础设施。高昂的成本和漫长的投资回收期，再加上可能的高风险，如果没有某种形式的政府参与，所有主要的基础设施就不可能建造或不可能进行费用昂贵的运输工程学研究。

⑤资助"需要"适当运输人群。由于多种原因，有效需求不是分配运输资源的适当准则，所以应当寻求更广泛的社会标准。

⑥高交易成本的存在。虽然从理论上讲，自由市场能使产出达到最优化，但这可能需要付出高昂的交易成本。公路上互相面对的驾车人可以协商谁有权利先行，而简单的规则如让左边优先，会证明更加有效。

⑦将运输并入更广泛的经济政策。土地利用和运输显然是相互关联的，如果运输市场或土地利用市场存在缺陷，人们就会感到应进行某种程度的协调。此外，对运输部门的干

预可能形成政府宏观经济战略或工业政策的一部分。

⑧需要反映出运输的真实资源成本。就某些有限的非再生资源而言，市场机制可能反映不出社会全面的社会时间偏好。因此，政府可以进行干预以保证决策者知道真实的影子价格。

大多数官方政策声称包含一系列不同问题，但它们可能相互发生冲突，而且有些确实也是相互冲突的。同样地，确保进行适当的高成本研究的措施，可能意味着给予私人供应商垄断权力。因此，讨论或实施不同政策措施时为政府参与提出的各种理由，不可避免地存在模糊不清之处。比一些政策所依据的确切理由或所要实现的目标更不肯定的，是政策制定者所运用的不同政策工具究竟可能会发挥什么作用。

3. 管制俘虏理论

如果能够识别出上述市场缺陷，对其进行干预和减少其扭曲效应符合公共利益，这样说似乎合乎逻辑。但是，困难不是来自公共利益概念本身，而在于干预实际上能产生多大的公共利益。

管制俘虏理论揭示了政府与特殊利益集团之间的相互利用关系。该理论认为：立法机构的管制立法是为满足产业对管制的需要，而管制实施机构最终会被产业所控制。其核心内容是：具有特殊影响力的利益集团—被管制企业—进行寻租活动，使管制者成为被管制者的"俘虏"，并参与共同分享垄断利润，这就使政府管制成为企业追求垄断利润的一种手段。这一理论最初提出时强调了生产者对管制者的俘虏，而未说明其他的利益集团对管制的影响，因此也被称为"纯管制俘虏理论"。之后，经济学家们发展了"纯管制俘虏理论"，他们认为组织完善、规模较小的集团更容易俘虏管制者，从管制中受益。因为符合这些条件的利益集团更容易迅速组织起来形成各种决策，来决定支持或反对管制者的政策。而相对来说规模较大的集团形成决策的成本较高，而且在某种程度上，俘虏管制者的活动具有正外部性，会产生严重的"搭便车"行为，俘虏管制者的成本由一个人承担而收益却由全体成员共享，使集团中成员缺乏足够的激励来维护本集团利益。集团规模越大，"搭便车"现象就会越严重。由于消费者利益集团的规模要远远大于生产者利益集团，因此生产者更容易俘虏管制者，从管制中获得收益。

4. 集体行动的逻辑

传统的社会理论家研究集团行为时总是认为，组织或集团的存在是为了维护其成员的共同利益，而且它们也能有效的做到这一点。而社会理论家从经济学的个人主义视角出发，首先假定，每个人都是理性人，而理性人的显著特征就是行为前要进行成本收益的计算和权衡，以追求自身效用的最大化为目的，即使在组织或集团中也是如此，由此得出了相反的结论：理性的自利的个人不会积极主动地发动集体行动、提供集体物品以满足所属集团或组织的需要，必须对集团成员实施选择性激励才能提高成员提供集体物品的可能性。具体来说，不同规模和性质的集团对其成员行为有不同影响。在集体物品的获取方面，小集团比大集团更有优势。集团越大，它提供的集体物品的数量就会越低于最优数量。而在抱有共同利益的小集团中，存在着少数"剥削"多数的令人惊讶的倾向。

具体来说，有三个独立的但是累积的因素使较大的集团不能增进他们自身的利益。第一，集团越大，增进集团利益的人获得的集团总收益的份额就越小，有利于集团的行动得到的报酬就越少，这样即使集团能够获得一定量的集体物品，其数量也是远远低于最优水平的。第二，由于集团越大，其中的任一个个体，或集团中成员的任何小子集能获得的总收益的份额就越小，就越不可能出现可以帮助获得集体物品的类似寡头卖方垄断的相互作用。第三，集团成员的数量越大，组织成本就越高。由于这些原因，集团越大，它就越不可能提供最优水平的集体物品，而且很大的集团在没有强制或独立的外界刺激的条件下，一般不会为自己提供哪怕是最小数量的集体物品。

而某些小集团不用靠任何强制或任何集体物品之外的正面的诱因就会给自己提供集体物品。因为，他从集体物品获得的个人收益超过了提供一定量集体物品的总成本；有些成员即使必须承担所有成本，得到的好处还是比不提供集体物品时来的多。而且，在存在着相当程度的不平等的小集团中，即在成员的"规模"不等或对集体物品的兴趣不等的集团中，集体物品最有可能被提供。

（二）管制的成本与效果

一些经济学家研究了管制的影响，以权衡管制的成本与效益。管制后果包括效率上的得失和收入的再分配。大多数研究表明，有些案例有明显的效益，而其他一些只有巨额损失和很小的收益，即经济管制的主要后果是效率的损失和大量的收入再分配。

（三）管制经济学的发展趋势

作为管制经济学研究对象的政府管制活动近年来有了新发展，主要体现在如下方面：激励性管制与放松管制在全球的兴起；社会性管制日益发展，其管制领域不断扩大；政府管制方法更着重体现市场原则，出现了政府管制活动与市场机制相融合的趋势。政府管制活动中这些新趋势的出现促进了管制经济学的迅速发展。管制经济学对这些新趋势的出现

进行了深入研究。

政府管制的无效一方面可用实证分析的管制俘虏理论来解释；另一方面，即使不存在管制俘虏问题，由于政府与企业之间存在着信息不对称，导致管制制度本身也存在着缺陷。但在政府管制低效与市场失灵同时存在的情况下，完全放弃管制或实行私有化也并非是解决问题的万全之策。因此实行激励性管制与部分放松管制便成为政府管制的发展方向。

激励性管制就是在保持原有管制结构的条件下，通过设计合理的制度来克服传统政府管制所存在的缺陷，激励受管制企业提高内部效率，也就是给予受管制企业以竞争压力和提高生产或经营效率的正面诱因。在管制实践中，管制者与企业之间是信息不对称的。具体地说，存在两种形式的信息不对称：事前的逆向选择和事后的道德风险。前者指相对于管制者而言，企业对产业环境具有更多的私人信息，如技术状况、成本信息、需求信息等；后者指在管制契约确定后，企业的努力程度、经营行为等不能完全为管制者所观测。激励性管制政策的设计就是在基于这两种信息不对称的前提条件下寻找使管制者目标函数最大化的合约。激励性管制主要针对如下几种管制形式：特许投标制度、区域竞争度、价格上限管制、社会契约制度等。尽管上述激励性也不同程度存在着某种缺陷，但很大程度上改善了传统管制存在的问题，在欧美一些国家的实践中取得了较好效果。

放松管制则意味着放宽或取消原有的管制制度，如将行业禁入改为自由进入、取消价格管制等。放松管制的首要目的在于引入竞争机制、减少管制成本、促使企业提高效率、改进服务。最近几十年来，许多经济学家提出，管制过程实际上是在增强而不是在遏制垄断权力。这一观点部分地是基于前面提到的管制利益集团理论。此外，研究者还注意到，经济管制在地方上已远远超出了自然垄断产业的范围。多年以来，许多产业，包括铁路和公路运输、航空和公共交通都有管制者在发号施令。而在这些产业中，许多理论上本应该更接近于完全竞争，而不是自然垄断。70 年代以后，各国在放松管制过程中，根据本国情况采取了不同方式。英国的放松管制是与私有化过程相伴而生的，先后部分或全部将英国电信公司、英国煤气公司、自来水公司出售，出售后企业的效率有了不同程度的提高。

上面对管制经济学产生与发展的叙述主要是针对经济性管制而言的，因为相对于社会性管制而言，经济性管制起源较早、体系较为完善，发展较为成熟，在早期政府管制中占据着主导地位。但近年来，随着经济发展水平的提高，对生活质量、社会福利等问题关注程度日益加强，各国在逐步完善经济性管制，对经济性管制产业实施放松管制的同时，将关注点更多投向了社会性管制领域，社会性管制在政府管制中的地位与作用正逐步提高，管制的领域也不断扩展，管制的方法与手段也在不断改进。政府对社会性管制的重视在某种程度上是社会进步、生活质量提高的反映，更直接体现了对消费者利益的保护与对社会可持续发展问题的关注。因此社会性管制也将成为未来政府管制中一个日益重要的组成部分。

二、运输管制概述

（一）运输管制的工具

运输管制是政府对运输业实施的特殊管理形式。运输管制的政策工具有时被划分为两类，用美国行话说，一类旨在进行经济管理，另一类旨在进行社会管理。用英国行话说，一类是数量管理，另一类是质量管理。前者控制运输市场的供给数量、谁供应运输服务以及消费者支付的价格。后者控制运输服务的质量。实际上这两套工具之间存在不可避免的重复。因此，在下列标题之下列出不同政策工具的清单或许更有用处：

（1）税收与补贴。政府可以运用它的财政权力增加或减少不同路线上各种运输或服务的成本。或者实际上就是总的运输成本。政府也可以影响运输投入的要素成本。

（2）直接供给。地方和中央政府通过市办的或国有化的企业，是许多种运输服务的直接供给者。它们还负责供给大量的运输基础设施以及辅助服务。

（3）法律和规章。政府可以按法律管理运输部门，实际上已有大量的法律控制和指导运输的供给者和使用者的行为。

（4）竞争政策和消费者保护立法。分清一般的产业立法和消费者保护立法，是很有益处的，前者规定了限制性习惯商业做法和企业合并等事物，后者包含诸如广告之类的事务，它涉及经济上的各种形式的活动。

（5）许可与准入。政府可以给驾驶人、运输工具或运输单位签发执照，以此来管理运输设施的质量和数量。驾驶执照制度也影响对私人运输工具的要求。

（6）购买运输服务。政府的许多非运输活动，需要使用运输服务。因此利用它作为庞大消费者的地位，政府可以对运输供给者施加一定程度的抵消力。

（7）道义上的劝告。在许多情况下，这是一种不够有力的形式，通常是对诸如安全等问题进行教育或提出忠告。

（8）研究与发展。政府可以通过研究活动影响运输的长期发展。研究活动一部分由政府机构进行，一部分通过资助外部研究机构进行。

（9）提供信息。政府通过许多不同机构向运输使用者提供技术建议，并提供一般信息以提高运输的决策水平。许多这些信息服务专门针对运输，而这些信息对运输部门只能起间接的作用。

（10）与投入有关的政策。运输是重要的能源消耗者，尤其是石油，它还利用各种各样的其他原料和中间产品。因此政府有关能源和其他原料及产品的政策，对运输产生重要的间接影响。

（二）我国的运输管制

在我国，各种运输方式由不同部门主管，尚未形成综合管理体制。对运输业的管制是通过法律和行政命令的方式，由各级行政主管机关执行。管制的内容主要包括进入和退出管制、费率管制、服务水平管制、运输补贴等等。

三、几类运输管制的经济学分析

（一）税收

税指政府依照法律规定，对个人或组织无偿征收实物或货币的总称。实际上，企业完全可以根据税额提高价格，从而将税收向前转嫁到产品的消费者身上；企业也可以将税收向后转嫁到要素的供应者身上。

税收转嫁涉及税收归宿，税收归宿是指对生产者或消费者的真实收入征税的最终的经济影响。这个概念体现了税赋被最终负担的方式，及其对价格、数量以及生产和消费构成的影响。供求分析可以帮助人们推断一种税收的真实负担者并预计税收如何影响产出。如果不考虑交易成本的话，两者几乎没有任何区别。不管政府规定税赋是向哪一方征收的，都不影响买卖双方分担税负的比例。

（二）价格限制

政府有时不是对某种商品进行征税或补贴，而是通过立法规定该商品/服务的最高或最低价格，历史上这样的例子并不少。20 世纪 70 年代石油危机期间，美国等国家曾出现汽油价格管制。今天，中国对铁路票价和出租车价格的限制仍非常严格。与政府征税之后任由市场通过供求原理运作的措施相比，这些直接干预供求规律的举措具有本质的不同。在大多数经济体系中，动机良好而技术拙劣的供求干预导致低效率的现象可谓比比皆是。制定市场中的最高价格或最低价格可能会产生令人吃惊的结果，有时甚至会出现南辕北辙的经济效应。

（三）市场准入

以出租车行业为例，我国的出租汽车行业起步于改革开放初期，是依托于国营交通运输企业和旅游公司而发展起来的。在 20 世纪 80 年代，由于车辆投入成本高，消费需求规模小，出租汽车数量相对偏少，整个行业处于自发发展阶段。90 年代初期，各地出台了一系列鼓励出租汽车行业发展的政策，并普遍放松了对出租汽车行业的进入限制，各种社会资本特别是私人资本迅速进入，使出租汽车行业进入了"井喷式"的发展阶段，短短一两年的时间，出租汽车数量和种类迅速增加。各地开始将出租汽车作为"城市公共资源"按照特许经营方式进行管理，陆续采取了准入数量管制、经营权有偿使用和公司化运营等管理办法。

21 世纪初"油荒"使得出租车行业直接遭受不利影响。对此，不仅国家出台了相关措施，而且各地区也纷纷酝酿政策，对出租车行业进行补贴。有学者认为，出租车行业在我国实际上是一个产生暴利的行业，而产生暴利的原因并不是因为出租车企业的管理者经营有道，也不是政府有关部门监管不力，更不是"的哥""的姐"们物美价廉，而是市场结构设计造成的缺陷。长期以来，我国许多城市的政府部门都试图通过限制出租车数量来帮助这个行业。如果政府管理部门限制了出租车的数量，就会导致供给曲线向左上方移动。由于出租车需求缺乏弹性，限制出租车数量不仅提高了出租车的价格，而且增加了该行业的总收益和利润。

当然，消费者在限制出租车数量所导致的较高价格中受到了损害。

限制供给是政府牺牲一部分人的利益以增加另一部分人的收入时一种常用的市场干预举措。这种政策是无效率的，因为出租车行业收入的增加实际上小于消费者因此遭受的损失。

第六章　物流运输方式与决策

第一节　物流运输方式及业务

一、物流运输方式的分类

运输在现代物流中占据十分重要的地位，是实现物流的基础。在现代物流管理中，根据客户的要求以及承运的货物种类，选择什么样的运输方式，在预定的时间内高效率、低成本地将货物运达目的地，是运输管理的基本内容。

物质产品从生产所在地向消费所在地的物理性转移，可以通过不同的运输方式来实现。在物流过程中，对运输方式和运输工具的选择，成为合理运输的重要内容。组织合理运输对提高物流系统的整体效益有重要的意义。

物质产品运输有五种基本方式，即铁路运输、公路运输、水路运输、航空运输和管道运输。为了提高运输效益，在五种基本运输方式的基础上，还形成了联合运输、散装运输、集装箱运输等具有特殊功能的运输方式。

一般来讲，运输方式选择的限制条件有运输物品的种类、运输量、运输时间、运输成本等方面。当然这些条件不是相互独立的，而是紧密相连、互为作用的。对运输方式的选择应准确把握现代运输方式的分类与特点，深入了解选择的要求，此外还要注意一些选择的要点。

现代运输方式的分类可按运输工具、运输线路、运输作用及运输的协作程度，以及是否集装等进行分类。

（一）按运输工具分类

1. 公路运输

公路运输是主要使用汽车或其他车辆在公路上进行货客运输的一种方式。公路运输主要承担近距离、小批量的货运，水运、火车难以到达地区的长途、大批量货运，以及铁路运输、水运优势难以发挥的短途运输。由于公路运输具有灵活性，近年来，在有铁路、水运的地区，长途大批量运输也开始用公路运输。

公路运输的主要特点是灵活性强，易于因地制宜，对收货站设施要求不高，可实现"门到门"运输，即从发货者门口直到收货者门口，而不需转运或反复装卸搬运。公路运输也可作为其他运输方式的衔接手段，其经济半径一般在 200 千米以内。

2. 铁路运输

铁路运输是使用铁路列车运送客货的一种运输方式。铁路运输主要承担长距离、大数量的货运，在没有水运条件的地区，几乎所有大批量货物都是依靠铁路，它是在干线运输中起主力运输作用的运输形式。

铁路运输速度快，运输不大受自然条件限制，载运量大，运输成本较低，但是灵活性差，只能在固定线路上实现运输，需要与其他运输手段配合和衔接。铁路运输经济里程一般在 200 千米以上。

铁路货物运输按照运输条件的不同分为普通货物运输和特殊货物运输两种。特殊货物有铁路阔大货物、铁路危险货物、铁路罐装货物和铁路鲜活货物，其他均属于普通货物。

按照运输速度的不同，铁路货物运输又可分为普通货物运输、快运货物运输和班列货物运输三种。

普通货物运输。普通货物运输是指按正常速度行驶的货物列车进行的运输。

快运货物运输。为加速货物运输，提高货物运输质量，适应市场经济的需要，铁路开办了快运货物运输，在全路的主要干线上开行了快运货物列车。托运人按整车、集装箱、零担运输的货物，除不宜按快运办理的煤、焦炭、矿石等品类的货物外，托运人都可以要求铁路按快运办理，经发送铁路局同意并切实做好快运安排，货物即可按快运货物运输。

班列货物运输。为了适应市场经济发展的需要，向社会提供优质服务，铁路开展了货运五定班列运输。货运五定班列是指铁路开行的发行站间直通、运行线和车次全程不变，发到日期和时间固定，实行以列、组、车或箱为单位报价包干办法，即定点、定线、定车次、定时、定价的货物列车。班列按其运输内容分为集装箱货物班列、鲜活货物班列、普通货物班列。

铁路货物运输按照一批货物的重量、体积、性质、形状分为整车运输、零担运输和集装箱运输三种。整车运输要求一批货物的重量、体积、性质或形状需要一列或一列以上铁路货车装运，即属于整车运输。我国现有的货车以棚车、敞车、平车和罐车为主，标记载重量大多为 50t、60t 及其以上。零担运输除为了便于装卸、交接和保管，有利于提高作业效率和货物安全，除限按整车办理的货物外，一件体积最小不得小于 0.02 立方米、每批件数不超过 300 件的货物，均可按零担运输办理。集装箱运输是以集装箱作为运输单位进行货物运输的一种最先进的现代化运输方式。它具有"安全、迅速、简便、价廉"的特点，有利于减少运输环节，可以通过综合利用铁路、公路、水路和航空等各种运输方式进行多式联运，实现"门到门"运输。

3. 水路运输

水路运输，简称水运，是使用船舶运送客货的一种运输方式。水运主要承担大数量、长距离的运输，是在干线运输中起主力作用的运输形式。在内河及沿海，水运也常作为小型运输工具使用，担任补充及衔接大批量干线运输的任务。

水运主要进行低成本、大批量、远距离的运输，其运输速度慢，受港口、水位、季节、气候影响较大，因而一年中中断运输的时间较长。水运有以下几种形式：

①沿海运输。沿海运输是使用船舶通过大陆附近沿海航道运送客货的一种方式，一般使用中、小型船舶。

②近海运输。近海运输是使用船舶通过大陆邻近国家海上航道运送客货的一种运输形式，视航程可使用中型船舶或小型船舶。

③远洋运输。远洋运输是使用船舶跨大洋的长途运输形式，主要依靠运址大的大型船舶。

④内河运输。内河运输是使用船舶在陆地内的江、河、湖泊等水道进行运输的一种方式，主要使用中、小型船舶。

在我国内河运输业务中，石油及其制品、煤炭、矿石、生产资料是主要货源，与国内沿海运输的货源相似，这充分说明沿海港口的许多物资是通过内河运输提供的；而内河运输又把沿海港口的物资大量地疏运到全国各地。这样就使我国的内河与海洋运输形成了有机的运输网络。

水路运输按其营运方式可分为班轮运输和租船运输两种。

班轮运输是指船舶在特定的航线上按照船期表所进行的货物运输。班轮运输又分为定期班轮和不定期班轮两种。定期班轮严格按照预先公布的船期表运行，船舶到、离港的时间及计划停靠的港口固定不变，是班轮运输的主要形式。不定期班轮根据预先公布的船期表运行，但船舶到港、离港的时间有一定的伸缩性，有固定的始发港、目的港，中途停靠港则视货源情况可能有增减。班轮运输的货物主要是件杂货，包括工业制品、半成品、食品、工艺品等。与大宗散货相比，件杂货批量较小、货物种类多、收发货人数多且分散，不易于组织整船运输。而且这些货物的价值相对较高，并有一定的时间要求，为保证运输质量，对适航船舶的性能也有较高要求。

租船运输是指船舶出租人向承租人提供船舶的全部或部分舱位装运约定的货物，从某一港运至另一港，由承租人支付租金的运输方式。它不同于班轮运输，没有预先制定的船期表、航线，也没有固定的停靠港口。船舶的航线、运输货物的种类以及装卸港口等都是根据货主的要求而定的，并依据双方签订的租船合同来明确彼此的权利和义务。

租船运输的主要特点是采用租船合同组织运输，出租人与承租人双方首先要签订租船合同，合同条款是双方权利和义务的依据；租船运输的运价受国际航运市场的行情影响大，一般由双方议价，货主难以把握，一般委托货运代理参加洽谈。租船运输适合大宗的低价值货物运输，如粮食、饲料、矿产品、石油及其制品、农药、化肥、水泥等散杂货整船装运。

4. 航空运输

航空运输是使用飞机或其他航空器进行运输的一种形式。航空运输的单位成本很高，因此，主要适合载运的货物有两类：一类是价值高、运费承担能力很强的货物，如贵重设备的零部件、高档产品等；另一类是紧急需要的物资，如救灾抢险物资等。

航空运输的主要特点是速度快，不受地形的限制。在火车、汽车都达不到的地区也可依靠航空运输，因而有其重要意义。

航空运输的方式主要有：

（1）班机运输

班机是指定期开航的定航线、定始发站、定目的港、定途经站的飞机。一般航空公司都使用客货混合型飞机，一方面搭载旅客，一方面又运送少量货物。但一些较大的航空公司在一些航线上开辟定期的货运航班，使用全货机运输。

班机运输的特点如下：

①班机有固定航线、固定停靠港且定期开航，因此国际货物流通多使用班机运输方式，使货物能安全、迅速地到达世界上各通航地点。

②便利收、发货人确切掌握货物起运和到达的时间，这对市场上急需的商品、鲜活易腐货物及贵重商品的运送是非常有利的。

③班机运输一般是客货混载，因此舱位有限，不能使大批量的货物及时出运，往往需要分期分批运输。这是班机运输不足之处。

（2）包机运输

包机运输分整包机和部分包机两种。

①整包机。整包机即包租整架飞机，是指航空公司按照与租机人事先约定的条件及费用，将整架飞机租给包机人，从一个或几个航空港装运货物至目的地。包机人一般要在货物装运前一个月与航空公司联系，以便航空公司安排运载和向起降机场及有关政府部门申请、办理过境或入境的有关手续。包机的费用一次一议，随国际市场供求情况变化。原则上，包机运费是按每一飞行公里固定费率核收费用，并按每一飞行公里费用的80%收取空放费。因此，大批量货物使用包机时，均要争取双程都有货载，这样费用比较低。如果只使用单程，运费比较高。

②部分包机。部分包机即由几家航空货运公司或发货人联合包租一架飞机或者由航空公司把一架飞机的舱位分别卖给几家航空货运公司装载货物。这种方式适用于托运不足一架整飞机舱位但货量又较重的货物。

（3）集中托运

集中托运是指由空运货代公司将若干单独发货人的货物集中起来组成一整批货物，由其各航空公司托运到同一到站，货到国外后由到站地的空运代理办理收货、报关并分拨给各个实际收货人。

①集中托运的特点。节省运费，航空货运公司的集中托运运价一般都低于航空协会的运价。发货人可得到低于航空公司的运价，从而节省费用；提供方便，将货物集中托运，可使货物到达航空公司到达地点以外的地方，延伸了航空公司的服务，方便了货主。提早结汇，发货人将货物交给航空货运代理后，即可取得货物分运单，可持分运单到银行尽早办理结汇。

集中托运方式已在世界范围内普遍开展，形成较完善、有效的服务系统，为促进国际贸易发展和国际科技文化交流起了良好的作用。集中托运已成为我国进出口货物的主要运输方式之一。

②集中托运的限制。集中托运只适合办理普通货物，对于等级运价的货物，如贵重物品、危险品、活动物以及文物等不能办理集中托运。目的地相同或临近的可以办理集中托运，如某一国家或地区，其他则不宜办理。

（4）陆空联运

陆空联运包括火车、飞机和汽车的联合运输方式，简称TAT，以及火车、飞机的联合运输方式，简称TA。

我国空运出口货物通常采用陆空联运方式，这是因为我国幅员辽阔，而国际航空港口岸主要有北京、上海、广州等，虽然省会城市和一些主要城市每天都有班机飞往上海、北京、广州，但班机所带货量有限，费用比较高，如果采用国内包机，费用更贵，所以在货量较大的情况下，往往采用陆运至航空口岸，再与国际航班衔接。由于汽车具有机动灵活的特点，在运送时间上更可掌握主动，因此一般都采用"TAT"方式组织出运。

（5）急件快递

急件快递不同于一般的航空邮寄和航空货运，它是由专门经营这项业务的公司与航空公司合作，设专人用最快的速度在货主、机场、用户之间进行传递。该业务目前是由快递公司办理。

急件快递通常用于样品、目录、宣传资料、书籍报刊等的空运快递业务，由国内空运代理委托国外代理办理报关、提取、转送和送交收货人。

5. 管道运输

管道运输是利用管道输送气体、液体和粉状固体的一种运输方式。其运输形式是靠物体在管道内顺着压力方向顺序移动实现的，和其他运输方式的重要区别在于，管道设备是静止不动的。

管道运输的特点主要是由于采用密封设备，在运输过程中可避免散失、灭失等损失，也不存在其他运输设备本身在运输过程中消耗动力所形成的无效运输问题。另外，其运输量大，适合于大且需要连续不断运送的物资。

（二）按运输线路分类

1. 干线运输

干线运输是利用铁路、公路的干线，大型船舶的固定航线进行的长距离、大数量的运输，是进行远距离空间位置转移的重要运输形式。干线运输的速度较同种工具的其他运输要快，成本也较低。干线运输是运输的主体。

2. 支线运输

支线运输是与干线相接的分支线路上的运输。支线运输是干线运输与收、发货地点之间的补充性运输形式，路程较短，运输量相对较小。支线的建设水平往往低于干线，运输工具水平也往往低于干线，因而速度较慢。

3. 城市内运输

城市内运输是一种补充性的运输形式，路程较短。干线、支线运输到站后，站与用户仓库或指定接货地点之间的运输，由于是单个单位的需要，所以运量也较小。

4. 厂矿内运输

厂内运输即在工业企业范围内，直接为生产过程服务的运输。这种运输一般在车间与车间之间、车间与仓库之间进行。小企业中的这种运输以及大企业车间内部、仓库内部则不称"运输"，而称"搬运"。

矿山运输，将地下采出的有用矿物、废石或矸石等由采掘工作面运往地面转载站、洗选矿厂或将人员、材料、设备及其他物料运入、运出的各种运输作业。矿山运输的特点是运量大、品种多、巷道狭窄、运距长短不一、线路复杂、可见距离短，因而作业复杂、维护检修困难、安全要求高。

矿山运输按运输设备划分有：有轨运输如矿井机车运输、钢丝绳运输；无轨运输如矿用输送机运输、水力运输和架空索道运输。矿石地下运输指回采工作面到出矿天井或采区矿仓之间的运输，矿石在阶段运输巷道装车并组成列车，由电机车牵引送到出矿天井，或由输送机运输。矿石提升系指由井底车场至井口间的运输，用卷扬机、钢丝绳和提升容器（如箕斗、罐笼、串车等）、皮带运输机或自卸汽车，沿竖井、斜井或斜坡道将矿石运到井口（地表）。矿石地面运输，采用电机车、架空索道、铁路火车或汽车将矿石运往选矿厂或用户，废石送往废石场。

（三）按运输作用分类

1. 集货运输

集货运输即将分散的货物汇集的运输形式，一般是短距离、小批量的运输。货物集中后才能利用干线运输形式进行远距离及大批量运输，因此，集货运输是干线运输的一种补充形式。

2. 配送运输

配送运输即将据点中已按用户要求配好的货分送给各个用户的运输。配送运输一般是短距离、小批量的运输，从运输的角度讲是对干线运输的一种补充和完善的运输。

（1）一般运输

孤立地采用不同运输工具或同类运输工具而没有形成有机协作关系的称为一般运输，如汽车运输、火车运输等。

（2）联合运输

联合运输简称联运，是使用同一运送凭证，由不同运输方式或不同运输企业进行有机衔接运输货物，利用不同运输手段的优势、充分发挥不同运输工具效率的一种运输形式。

联合运输实行一次托运、一次收费、一票到底、全程负责，可以简化托运手续，方便用户，同时可以加速运输速度，也有利于节省运费。联合运输的形式大致有两大类：一类是交通运输部门之间的联运，是指由两种以上运输工具的接力运输，或虽是同一种运输工具，但需要通过中转完成的运输形式，另一类是货物的产、供、运、销各部门组成的运输大协作。

（3）多式联运

多式联运是联合运输的一种现代形式。一般的联合运输规模较小。在国内大范围物流和国际物流领域，往往需要反复地使用多种运输手段进行运输，在这种情况下，进行复杂的运输方式衔接，并且具有联合运输优势的运输方式称为多式联运。

二、各种运输方式的特点

（一）公路运输的特点

公路运输受自然条件影响较小，通用性较好。公路运输网一般比铁路、水路网的密度要大十几倍，分布面也广，因此公路运输车辆可以"无处不到、无时不有"。与铁路相比，公路运输投资少、机动灵活、适应性强，在时间方面的机动性也比较大，车辆可随时调度、装运，各环节之间的衔接时间较短。尤其是公路运输对运量的大小具有很强的适应性，汽车的载重吨位有小有大，既可以单独车辆独立运输，也可以由若干车辆组成车队同时运输。以铁路和船舶为主力的中、长干线运输，无论是直达联运，还是中转，都需要汽车为终端运输。

1. 公路运输的优点

（1）公路运输可以做到门到门的直接运送

公路运输不受线路、车站、港口的制约，运送速度比较快，运输途中不需中转。汽车除了可以沿公路网运行外，还可以深入工厂、矿山、车站、码头、农村、山区、城镇街道及居民区，空间活动领域大，这一特点是其他任何运输工具都做不到的，因而汽车运输在直达性上有明显的优势。并且，从发货人处到收货人处，也不需要其他运输机械的帮助，就能把货物送到。

（2）易于采用连续服务体制

公路运输可以把物品从供应地直接送到目的地，这也为采用连续服务体制提供了方便条件。

（3）汽车可以作为自主运输的工具

许多单位都有自备汽车，而随着经济的不断发展以及人们生活水平的不断提高，家庭购买汽车越来越多，这些汽车也可以作为自主运输的工具。而火车、轮船、飞机一般不会作为自主运输的工具，因为它们所需的投资太大。

（4）运输灵活、方便

公路运输机动灵活、方便，既可以成为其他运输方式的接运方式，又可以自成体系。汽车运输对货物批量的大小具有很强的适应性，既可以单车运输，又可以拖挂运输。运输途中货物的撞击少，几乎没有中转装卸作业，因而对货物包装的要求不高。

（5）时间自由

铁路运输、船舶运输和航空运输一般都是按照已制订的计划定期定时运行，即使有不定期运行，也不能频繁地进行。然而，汽车运输在时间上自由度很大，通常可以在客户所要求的任何时间运输。

（6）原始投资少，资金周转快

公路运输与铁路、水路、航空运输方式相比，所需固定设施简单，车辆购置费用一般也比较低，因此，投资兴办容易，投资回收期短。据有关资料表明，在正常经营情况下，公路运输的投资每年可周转 1~3 次，而铁路运输需要 3~4 年才能周转 1 次。

2. 公路运输适用的主要作业

（1）近距离的独立运输作业

公路运输主要是中短途运输。由于高速公路的兴建，汽车运输从短途逐渐形成短、中、远程运输并举的局面，其适合运距有所增加，但仍不及铁路运输及水路运输。

（2）补充和衔接其他运输方式

所谓补充和衔接，是指当其他运输方式担负主要运输时，由汽车担负起点和终点处的短途集散运输，完成其他运输方式到达不了的地区的运输任务。

公路运输以其活动的广泛性和灵活性，深入到社会活动的各个方面。正基于此，借助于公路运输的发展，才能把各种运输方式连接成网，形成一个分工合作、协调发展的综合运输体系，充分发挥运输业在经济和社会发展中的重要作用，并提高综合运输能力和综合运输效益。公路的这种独特的作用是其他各种运输方式所不能替代的，它在经济和社会发展中的重要地位是毋庸置疑的。

（二）铁路运输的特点

铁路运输是指利用机车、车辆等技术设备沿铺设轨道运行的运输方式，铁路是一种适宜远距离的大宗客、货运输的重要运输方式。在我国，铁路运输不论在目前还是可以预见的未来，都是运输网络中的骨干和中坚。

1. 铁路运输的优点

①承运能力大。它能够承担巨大的运输量，铁路的一列货物列车一般能运送 3000～5000t 货物，适合大批量低值商品及长距离运输。

②铁路运输不受气候和自然条件的影响，能保证运行的经常性和持续性。

③轨道运输安全系数大，计划性强，在运输的准时性方面占有优势。

④铁路运输可以方便地实现集装箱运输及多式联运。

2. 铁路运输适用的主要作业

①适合大宗低值货物的中、长距离运输，也较适合运输散装货物、罐装货物。

②适用于大量货物一次高效率运输。

③适用于运费负担能力小、货物批量大、运输距离长的货物运输。

（三）水路运输的特点

水路运输是指利用船舶，在江、河、湖泊、人工水道以及海洋运送旅客和货物的一种运输方式。在现在运输方式中，水路运输是一种最古老、最经济的运输方式。

水路运输的生产过程相当烦琐，具有点多、线长、面广、分散流动、波动大的特点。水路运输的生产过程主要包括货物在起运港接收、仓储、装船，船舶运行到到达港，在到达港卸船、仓储、疏运或交付收货人等过程。

水路运输的重要特点是利用天然水道，进行大吨位、长距离的运输，由于运量大、成本低，非常适合于运输大宗货物。与其他运输方式相比，水运对货物的运载和装卸要求不高，因而占地较少。新建 1 千米铁路需占地 30～40 亩土地，公路需占地 15 亩左右，而水运航道几乎不占用土地，港口、码头均建在海岸或江河岸边，这就节约了土地资源。

对于海上运输而言，其通航能力几乎不受限制。一般来说，水运系统综合运输能力主要由船队的运输能力和港口的通过能力所决定。

1. 水路运输的优点

①水路运输运量大，成本低，非常适合于大宗货物的运输。在五种基本运输方式中，

水路运输能力最大。在长江干线，一支拖驳或顶推驳船队的载运能力已超过万吨。

②水上航道四通八达，在运输条件良好的航道，通航能力几乎不受限制，而且投资小。

③水路运输是开展国际贸易的主要方式，是发展对外经济的主要运输方式。我国有超过90%的外贸货物采用远洋运输。远洋运输在我国对外经济贸易中占重要地位，是发展国际贸易的强大支柱。

④水运建设投资少，劳动生产率高。水路运输只需利用江河湖海等自然水利资源，除必须投资购造船舶、建设港口之外，沿海航道几乎不需投资，整治航道的费用也仅仅只有铁路建设费用的1/5～1/3。

2. 水路运输适用的主要作业

①承担大批量货物，特别是集装箱运输。

②承担原料、半成品等散货运输，如建材、石油、煤炭、矿石、谷物等。

③承担国际贸易运输，即远距离、运量大、不要求快速抵达的国际客货运输。

（四）航空运输的特点

航空运输是一种快捷的现代运输方式。航空运输除具有速度快、货运质量高、超越地理限制、运价高等特点之外，在运输市场中还具有下列特征：航空货物运输的对象十分广泛、货物运输具有方向性。班机由于固定航线、固定停靠港和定期开航，因此国际货物流通多使用班机运输方式，能安全、迅速地到达世界上各通航地点，便于收、发货人确切掌握货物起运和到达的时间，这对市场上急需的商品、鲜活易腐货物以及贵重商品的运送是非常有利的。

1. 航空运输的优点

①运送速度快。航空运输在各种运输方式中运输速度最快，也是航空运输的最大特点和优势。其时速为1000千米左右，是铁路的13～15倍，比轮船快20～30倍，且距离越长，所能节省的时间越多，快速的优势也越显著。

②包装要求简单。货物空运的包装要求通常比其他运输方式要低。在空运中，用一张塑料薄膜裹住托盘货物并不少见。

③破损少。空中航行的平稳性和自动着陆系统减少了货损的比率。

④舒适、安全。现代民航客机平稳舒适，且客舱宽敞、噪声小，机内有供膳、视听等和管理的不断改善，航空运输的安全性比以往已大大提高。据国际民用航空组织统计，近

年来世界民航定期航班失事率大大降低。尽管飞行事故会造成机毁人亡，但按单位货运周转量或单位飞行时间损失率来衡量，航空运输的安全性是很高的。

⑤机动性大、不受地形的限制。航线不受高山、大川、沙漠、海洋的阻隔，且可根据客、货源数量：随时增加班次。在火车、汽车都达不到的地区也可依靠航空运输。航空运输的这一优点使其成为执行救援、急救等紧急运输任务中必不可少的手段。

2. 航空运输适用的主要作业

①运送价值高、运费承担能力很强的货物。

②紧急需要的物资。

③对保鲜期短的货物的运送。

④快递邮件。

（五）管道运输的特点

1. 管道运输的优点

①运量大。一条输油管线可以源源不断地完成运输任务。根据其管径的大小不同，其每年的运输量可达数百万吨到几千万吨，甚至超过亿吨。

②占地少。运输管道通常埋于地下，占用的土地很少；运输系统的建设实践证明，运输管道埋藏于地下的部分占管道总长度的95%以上，因而对于土地的永久性占用很少，分别仅为公路的3%、铁路的10%左右。

③不受地形限制。管道埋于地下，可以穿过河流、湖泊、铁路、公路等，一般不受地形与坡度的限制，从而导致运输距离短。

④管道运输建设周期短、费用低，运营费用也低。管道运输系统的建设周期与相同运量的铁路建设周期相比，一般要短1/3以上。

⑤管道运输安全可靠、连续性强。由于石油、天然气易燃、易爆、易挥发、易泄漏，采用管道运输方式既安全又可以大大减少挥发损耗，同时由于泄漏导致的对空气、水和土壤的污染也可大大减少，沿线不产生噪声，有利于环境保护。也就是说，管道运输能较好地满足运输工程的绿色环保要求。此外，由于管道基本埋藏于地下，其运输过程受气候条件影响小，可以确保运输系统长期、稳定地运行。

⑥管道运输耗能少、成本低、效益好。管道运输可以实现封闭运输，损耗少；发达国家采用管道运输石油，每吨千米的能耗不足铁路的1/7，在大量运输时的运输成本与水运接近，因此在无水条件下，采用管道运输是一种最为节能的运输方式。管道运输是一种连

续工程，运输系统不存在空载行程，因而系统的运输效率高，理论分析和实践经验已证明，管道口径越大，运输距离越远，运输量越大，运输成本就越低。

2. 管道运输适用的主要作业

管道运输是随着石油的生产而产生和发展的。它是一种特殊的运输方式，与普通货物的运输形态完全不同。根据管道运输的特点，管道运输主要担负单向、定点、量大的流体状货物的运输。为了增加运量，加速周转，现代管道管径和泵功率都有了很大的增加，管道里程越来越长，最长达数千公里。现代管道不仅可以输送原油、各种石油成品、化学品、天然气等液体和气体物品，而且可以输送矿砂、碎煤浆等。另外，在管道中利用容器包装运送固态货物，也具有良好的发展前景。

三、各种运输方式的运输业务

（一）公路货物运输业务

1. 公路货运作业流程

公路货运作业基本流程为备货、托运、派车装货、运送与交货、运输、统计与结算等。

托运一般采用书面方式，先由货主填写托运单。托运单是货主与运输单位之间签订的货运合同。托运单由货主填写，经运输单位审核并由双方签章后，具有法律效力。托运单确定了承运方与托运方在货物运输过程中的权利、义务和责任，是货主托运货物的原始凭证，也是运输单位承运货物的原始依据。根据托运单，货主负责向运输单位按时提交准备好的货物，并按规定的方式支付运费；运输单位负责及时派车将货物安全运送到托运方指定的卸货地点交给收货人；货物承运后及时派车装运；货物运达收货地点，正确办理交付手续和交付货物。

整车货物运达时，收货人及时组织卸车，驾驶员同时对所卸货物计点清楚；货物交接卸车完毕，收货人在运输货票上签收，再由驾驶员带回交调度室或业务室。

在货物起运前后如遇特殊原因托运方或承运方需要变更运输时，应及时由承运和托运方协商处理。

2. 普通货物公路运输

货物运输组织方法直接影响到货物运输速度与运输费用。在各种运输方式竞争激烈的条件下，做好货物运输组织工作显得尤为重要。货物运输组织方法应在掌握一定货源的基础上，根据货物结构的不同，合理调配和使用车辆，做到车种适合货种、标重配合货重。

（1）行车组织方法

公路货物运输行车组织方法常采用直达行驶法和分段行驶法两种。

①直达行驶法。直达行驶法是指每辆汽车装运货物由起点经过全线直达终点，卸货后再装货或空车返回，即货物中间不换车。其特点是车辆在路线上运行时间较长，因此驾驶员的工作制度可根据具体情况采取单人驾驶制、双人驾驶制、换班驾驶制等方式。

②分段行驶法。分段行驶法是指将货物运输路线全线适当分成若干段，每一区段均有固定的车辆工作，在区段的衔接点，货物由前一个区段的车辆转交给下一个区段的车辆接运，每个区段的车辆不出本区段工作。为了缩短装卸货交接时间，在条件允许时，也可采取甩挂运输。

（2）甩挂运输组织

甩挂运输也称为甩挂装卸，是指汽车列车在运输过程中，根据不同的装卸和运行条件，由载货汽车或牵引车按照一定的计划，相应地更换拖带挂车继续行驶的一种运行方式。由于甩挂运输既保留了直达行驶法的优点，又克服了分段行驶法转运时装卸时间长的缺点，使得车辆载重量和时间利用均能得到充分的发挥，具有较好的经济效益。在不同的运输条件下，可以有多种甩挂方式，其依据的基本原理和采用的基本方法是相同的。

（二）铁路货物运输业务

1. 货物的托运业务

（1）运单组成

运单由两部分组成，即货物运单和领货凭证。

（2）运单种类

①现付运单。黑色印刷。

②到付或后付运单。红色印刷。

③快运货物运单。黑色印刷，仅将票据名称的"货物运单"改印"快运货物运单"字样。

④剧毒品专用运单。样式与现付运单一样，只是用黄色印刷，所以又称为黄色运单，并有剧毒品的标志图形。

（3）领货凭证传递过程

领货凭证传递过程可总结如下：

托运人—发站—托运人—收货人—到站

（4）运单的填写

运单填写的基本要求。运单的填写，分为托运人填写和承运人填写两部分。运单中"托运人填写"和"领货凭证"的有关各栏由托运人填写，右侧各栏由承运人填写。承、托双方在填记时均应对运单所填记的内容负责，运单的填写要做到正确、完备、真实、详细、清楚、更改、盖章。

铁路运输中严禁中介部门代理国内危险货物运输。因此，在办理国内危险货物运输时，托运人应直接向铁路经营单位办理托运手续。在办理托运手续时，须出具资质证书、经办人身份证和业务培训合格证书。

2. 货物的准备

（1）货物托运要求

按一批托运的货物应符合要求，不得将不能按一批托运的货物作为一批托运。

（2）货物的件数与重量

在铁路运输过程中，保证货物的件数和重量的完整是承运人必须履行的义务。因此，铁路明确地规定了确定货物件数和重量的范围。

按整车运输的货物，原则上按件数和重量承运，但有些非成件货物或一批货物件数和规格过多，在承运、装卸、交接和交付时，点件费时费力，只能按重量承运，不再计算件数。只按重量承运、不计算件数的货物有散堆装货物以及以整车运输的规格相同一批数量超过 2000 件、规格不同一批数量超过 1600 件的成件货物。

下列整车货物，无论规格是否相同，按一批托运时，每件平均重量在 10 千克以上，托运人能按件点交给车站的，承运人都应按重量和件数承运：

①针、纺织品，衣、袜、鞋、帽。

②钟表、中西成药、卷烟、文具、乐器、工艺美术品。

③面粉、肥皂、糖果、橡胶、油漆、染料、轮胎、罐头食品、瓶装酒类、医疗器械、洗衣粉、空钢瓶、化学试剂、玻璃仪器、空铁桶。

④电视机、电冰箱、洗衣机、电风扇、计算机、照相机。

整车货物和集装箱货物，由托运人确定重量；零担货物除标准重量、标记重量或有过秤清单以及一件重量超过车站衡器最大称量的货物外，由承运人确定重量，并核收过秤费。

货物的重量包括货物包装重量。对于托运人确定重量的整车货物、集装箱货物和零担货物，承运人应进行抽查，重量不符时应进行处理并向托运人或收货人核收过秤费。

（3）货物运输条件

托运的一批货物应符合运输条件。

（4）标志、标记

在运输过程中有特殊要求的货物，应在包装上标打包装储运图示标志。对于危险货物，还应在包装上按规定标打危险货物包装标志。对于零担货物，还应在包装上标打货物标记，货签上填写的内容必须与运单相应内容一致。

（5）货物的押运

托运铁路运输需要押运的货物，需派押运人押运。

3．货物的装车作业

（1）承运人装卸的范围

货物装车或卸车的组织工作，在车站公共装卸场所内由承运人负责。有些货物虽在车站公共装卸场所内进行装卸作业，由于在装卸作业中需要特殊的技术或设备、工具，仍由托运人或收货人负责组织。

（2）托运人、收货人装卸的范围

车站公共装卸场所以外进行的装卸作业，装车由托运人负责，卸车由收货人负责。此外，前述由于货物性质特殊，在车站公共场所装卸也由托运人、收货人负责。他们负责的情况有：

①罐车运输的货物。

②冻结的易腐货物。

③未装容器的活动物，如蜜蜂、鱼苗等。

④一件重量超过 1t 的放射性同位素。

⑤用人力装卸带有动力的机械和车辆。

其他性质特殊的货物，经托运人或收货人要求，并经承运人同意也可由托运人或收货人组织装车或卸车，如气体放射性物品，尖端保密物资，特别贵重的展览品、工艺品等。货物的装卸不论由谁负责，都应在保证安全的条件下，积极组织快装、快卸，昼夜不间断作业，以缩短货车停留时间，加速货物运输。

由托运人装车或收货人卸车的货车，车站应在货车调到前，将调到时间通知托运人或收货人。托运人或收货人应将装车完毕或卸车完毕的时间通知车站。

托运人、收货人负责组织装卸的货车，超过规定的装卸车时间标准或规定的停留时间标准，承运人向托运人或收货人核收规定的货车使用费。

（3）装车的基本要求

①货物重量应均匀分布在车地板上，不得超重、偏重和集重。

②装载应认真做到轻拿轻放、大不压小、重不压轻、堆码稳妥紧密、捆绑牢固，在运输中不发生移动、滚动、倒塌或坠落等情况。

③使用敞车装载怕湿货物时，应堆码成屋脊形，苫盖好篷布，并将绳索捆绑牢固。

④使用棚车装载货物时，装在车门口的货物，应与车门保持适当距离，以防挤住车门或湿损货物。

⑤使用罐车及敞车、平车装运货物时，应各按其规定办理。

⑥所装货物需进行加固。

（4）装车前的检查

为保证装车工作质量，使装车工作顺利进行，装车前应做好以下"三检"工作：

①检查运单，即检查运单的填记内容是否符合运输要求，有无漏填和错填。

②检查待装货物，即根据运单所填记的内容核对待装货物品名、件数、包装，检查标志、标签和货物状态是否符合要求。集装箱还需检查箱体、箱号和封印。

③检查货车，即检查货车的技术状态和卫生状态。

（5）监装工作

装车作业前货运员应向装卸工组详细说明货物的品名、性质，布置装卸作业安全注意事项和需要准备的消防器材及安全防护用品。装卸剧毒品应通知公安部门派人到场监护。装卸作业时要轻拿轻放，堆码整齐牢固，防止倒塌。要严格按规定的安全作业事项操作，严禁货物倒放、卧装。包装破损的货物不准装车。装车后需要施封、苫盖篷布的货车由装车单位进行施封与苫盖篷布。装完后应关闭好车门、车窗、盖、阀，整理好货车装备物品和加固材料。

（6）装车后的检查

为保证正确运送货物和行车安全，装车后还需要检查下列内容：

①检查车辆装载。主要检查有无超重、偏重、超限现象，装载是否稳妥，捆绑是否牢固，施封是否符合要求，表示牌插挂是否正确。对装载货物的敞车，要检查车门插销、底开门搭扣和篷布苫盖、捆绑情况。

②检查运单。检查运单有无误填和漏填，车种、车号和运单记载是否相符。

③检查货位。检查货位有无误装或漏装的情况。

4. 货物的到达领取

（1）自卸货车的交接

为了实现专用线、专用铁路管理的基本要求，根据厂矿要求应签订专用线、专用铁路运输协议。协议的内容包括专用线、专用铁路调车组织方法、装卸作业组织、日班计划的编制和执行、铁路货车在专用线或专用铁路内停留时间标准以及货车、货物和货运用具的交接地点、凭证与方法等。

交接凭证使用"货车调送单"。

①交接方法。施封的货车、集装箱，凭封印交接；不施封的货车、集装箱凭门窗关闭状态交接；敞车、砂石车等按货物装载状态和规定标记交接。

②交接地点。专用线在装卸地点交接，专用铁路在双方约定的车辆交接线交接。

（2）卸车工作

①卸车前的检查。为使卸车作业顺利进行，防止误卸和确认货物在运输过程中的完整状态，便于划分责任，在卸车前要认真做好以下三个方面的检查工作：

检查货位。主要检查货位能否容纳下待卸的货物，货位的清洁状态如何，相邻货位上的货物与卸下货物性质有无抵触。

检查运输票据。主要检查运输票据记载的到站与货物实际到站是否相符，了解待卸货物的情况。

检查现车。主要检查车辆状态是否良好，货物装载状态有无异状，施封是否有效，车内货物与运输票据是否相符，有无可能影响货物安全和车辆异状的因素等。

②卸车后的检查。检查运输票据，主要检查票据上记载的货位与实际堆放货位是否相符。检查货物，主要检查货物件数与运单记载是否相符，堆码是否符合要求，卸后货物安全距离是否符合规定。检查卸后空车，主要检查车内货物是否卸净和是否清扫干净，车门、窗、端侧板是否关闭严密，标示牌是否撤除。

③货物的领取。货物的暂存，对到达的货物，收货人有义务及时将货物搬出，铁路也有义务提供一定的免费保管期，以便收货人安排搬运车辆，办理仓储手续。免费保管规定为：由承运人组织卸车的货物，收货人应于承运人发出催领通知的次日起算，2天内将货物搬出，不收取保管费；超过此期限未将货物搬出，对其超过的时间核收货物暂存费。

票据交付，收货人持领货凭证和规定的证件到货运室办理货物领取手续，在支付费用并在货票丁联盖章后，留下领货凭证，货运室在运单和货票上加盖到站交付日期戳，然后将运单交给收货人，收货人凭此领取货物。如收货人在办理货物领取手续时领货凭证未到或丢失，则机关、企业、团体应提出本单位的证明文件；个人应提出本人居民身份证、工作证或服务所在单位出具的证明文件。

货物在运输途中发生的费用和到站发生的杂费，在到站应由收货人支付。

现货交付，现货交付即承运人向收货人点交货物。收货人持货运室交回的运单到货物存放地点领取货物，货运员向收货人点交货物完毕后，在运单上加盖"货物交讫"戳记，并记明交付完毕的时间，然后将运单交还给收货人，收货人凭此将货物搬出货场。

在实行整车货物承运前保管的车站，货物交付完毕后，如收货人不能在当日将货物全批搬出车站时，对其剩余部分的处理方式为：按件数和重量承运的货物，可按件数点交车站负责保管，只按重量承运的货物，可向车站声明。

收货人持加盖"货物交讫"的运单将货物搬出货场，门卫对搬出的货物应认真检查品名、件数、交付日期与运单记载是否相符，经确认无误后放行。

（三）水路货物运输业务

水运非常适合低成本的大宗货物运送，但水运也是最慢的一种运输方式，最大的延误都发生在港口码头，这使水运很难用于短途运输。在全球贸易中，水路运输是居于主导地位的运输方式。当然在国际海上运输中，到港延迟问题、海关入境及集装箱管理等都是人们较为关注的问题。

1. 远洋运输流程

远洋货物运输业务是根据外贸合同中的运输条款，将进出口货物通过海运运到国内外目的港的一种货运业务。当进出口货物数量较大，需要整船载运时要办理租船手续；若进出口货物不需要整船装运，则需要洽谈订班轮或租订部分舱位。由于进出口公司或企业没有国际海运资格和手段，一般均委托外运公司或具有国际货运代理资格的企业去办理货物海运业务。

（1）班轮运输

班轮运输也称定期船运输，是班轮公司将船舶按事先制定的船期表，在特定航线的各挂靠港口之间，为非特定的众多货主提供规则的、反复的货物运输服务，并按运价本的规定计收运费的一种营运方式。

（2）租船运输业务

国际租船运输业务一般在航运交易市场或租船代理公司自愿平等进行。航运交易市场是船舶承租人和出租人进行船舶租赁活动的交易场所，通常设在世界上货主和船东汇集、外贸与运输繁荣发达的地方。当前国际上主要的航运交易市场有伦敦、纽约、东京、奥斯陆、汉堡、鹿特丹、香港、上海等。国际上的租船业务几乎都是通过租船经纪人来进行的。租船经纪人熟悉租船市场行情，精通租船实务，在整个租船过程中起桥梁或中间人的作用，对顺利开展租船业务至关重要。

（3）通关手续

远洋运输中值得重视的一个环节就是通关手续。海关对进出口货物的通关手续包括接受申报、审核单证、查验货物、征税、结关放行。

出口申报及审核单证。出口货物的发货人或其代理人应在装货的 24 小时之前向货物所在地或出境地海关出具申报。报关时应向海关提交出口货物报关单、出口许可证、装货单或运单、发票、装箱单、出口收汇核销单等单证。目前使用的出口报关单有四种：普通报关单为白色；"来料加工、补偿贸易专用"报关单为浅绿色；"进料加工专用"报关单为粉红色；"出口退税专用"报关单为黄色。

查验货物、征税和结关放行。海关以出口报关单为依据，在海关监管区域内对出口货物进行查验，报关单位应派员在现场负责开箱、装箱，协助海关完成查验工作。经查验合格在报关单位照章办理纳税手续后，海关在装货单或运单上盖上关印即为结关放行。

2. 内河运输流程

内河运输业务一般办理整船、整舱的租船业务，以运输合同形式规范承租人与出租人的关系。内河运输的流程与远洋租船运输相似，所不同的是国内货物运输不需要报关等手续。

（1）水路货物运输合同

水路货物运输合同是指承运人收取运输费用，负责将托运人托运的货物经水路由一港运至另一港的书面合同。关于水路货物运输合同的具体内容会在第五章详细介绍。

（2）货物的托运流程

托运货物时，托运人主要做的是：提出货物运单、提交货物、支付费用。

①提出货物运单。

②提交货物。按双方约定的时间、地点将托运货物运抵指定港口暂存或直接装船。须包装的货物应根据货物的性质、运输距离及中转等条件做好货物的包装。在货物外包装上粘贴或拴挂货运标志、指示标志和危险货物标志。散装货物按重量或船舶水尺计量数交接，其他货物按件数交接。散装液体货物由托运人装船前验舱认可，装船完毕由托运人会同承运人对每处油舱和管道阀进行施封。运输活动物，应将绳索拴好牲畜，备好途中饲料，派人随船押运照料。使用冷藏船运输易腐、保鲜货物，应在运单内载明冷藏温度。运

输木排货物应按约定编排，将木排的实际规格、托运的船舶或者其他水上浮物的吨位、吃水及长、宽、高以及抗风能力等技术资料在运单内载明。托运危险货物，托运人应当按照有关危险货物运输的规定办理，并将其正式名称和危险性质以及必要时应当采取的预防措施书面通知承运人。

③支付费用。托运人按照约定向承运人支付运费。如果约定装运港船上交货，运费由收货人支付，则应当在运输单证中载明，并在货物交付时向收货人收取。如果收货人约定指定目的地交货，托运人应缴纳货物运输保险费、装运港口作业费等项费用。

（3）货物的领取

收货人接到到货通知办理提货手续，主要做提交取货单证、检查验收货物、支付费用三件事。

①提交取货单证。收货人接到到货通知后，应当及时提货。接到到货通知后满60天，收货人不提取或托运人也未来人处理货物时，承运人可将该批货物作为无法交付货物处理。收货人应向承运人提交证明收货人单位或者经办人身份的有关证件，以及由托运人转寄的运单提货联或有效提货凭证，供承运人审核。如果货物先到，而提货单未到或单证丢失的，收货人还需提供银行的保函。

②检查验收货物。收货人提取货物时，应当按照运输单证核对货物是否相符，检查包装是否受损、货物有无灭失等情况。发现货物损坏、灭失时，交接双方应当编制货运记录；确认不是承运人责任的，应编制普通记录。收货人在提取货物时没有提出货物的数量和质量异议时，视为承运人已经按照运单的记载交付货物。

③支付费用。按照约定在提货时支付运费，并须付清滞期费、包装整修费、加固费用以及其他中途垫款等。因货物损坏、灭失或者迟延交付所造成的损害，收货人有权向承运人索赔；承运人可依据有关法规、规定进行抗辩。托运人或者收货人不支付运费、保管费以及其他费用时，承运人对相应的运输货物享有留置权，但另有约定的除外。查验货物无误并交清所有费用后，收货人在运单提货联上签收，取走货物。

（四）航空货物运输业务

1. 航空发运流程

（1）货物接收

①资格查验。营业员对托运人和货物进行审查：货主和货物是否符合国家和民航安全管理相关规定。危险品的托运人，包括包装人员和托运人的代理人，应确保其人员按要求

训练合格。收运政府限制运输货物，以及需经公安、工商、动植物检疫等政府有关部门许可运输的货物，托运人应提供上述部门出具的有效证明文件。托运根据国家民用航空危险品运输管理规定可申报作为非限制货物运输的危险品，应当提供民航局认可的鉴定机构出具的航空运输条件鉴定文件，营业员对有效证明文件进行查验。对属于国家规定免于安全检查的货物，托运人或销售代理人应持有效证明文件向机场公安机关换发免检证明，在交运货物时出示。

②询问。对可能含有锂电池的货物进行询问，防止托运人隐报、瞒报锂电池。

③检查货物包装。货物包装应符合相关规定的要求，保证其在运输过程中不致破损、散失、渗漏，不致损坏和污染飞机、机上设备和其他物品。

④审查货物托运书。托运人要对托运书内容的真实性、准确性负责，并在托运书上签字或者盖章。收运人员应按照标准对托运书的填写进行检查。如货物品名无法在航空货物托运书品名栏内全部列明的，托运人应当提供航空货物品名清单附件，作为航空货物托运书、航空货运单的组成部分。

⑤过秤、计重。货物称重应有两人在场，一人负责称重，另一人负责复核，并做好称重和复核记录。

⑥填写航空货运单。收货员依据托运人填写的托运书填写货运单，国际货运单需全部用英文填写，并经托运人签字。托运人应当对货运单上所填关于货物说明的正确性负责。

⑦计算费用、收款。

⑧黏贴、检查货物标签。收运人员应按规定对托运人托运的每件货物黏贴或拴挂货物运输标签。

⑨货物的入库储存、搬运、防护。

（2）货物配载

①准备工作。吨控员了解航班动态，及时向营业室业务员通报。营业室业务员将此信息及时通报给货主。吨控员查询航班动态和旅客、行李情况，掌握飞机可用舱位和可用吨位。

②区分货物优先级。根据货物性质，按照下列顺序发运：抢险、救灾、急救、外交信贷和政府指定急运的物品；指定日期、航班和按急件收运的货物；有时限、贵重和零星小件物品；中转联程货物；一般货物按照收运前约定的保障规则顺序发运，未提前约定的货物按照收运的先后顺序发运。

③货运配载人员制作货邮舱单。

④货运配载。按照货邮舱单和货物实际情况，对货物进行预配，并制作预装机单传递给地服配载平衡人员。地服配载平衡人员根据整个航班的旅客和货邮行情况，对预装机单进行审核，签字确认后将装机单传递给货运配载人员。

（3）货物出库

国内货物由仓管员根据货邮舱单经核对后办理货物出库手续；国际货物要在海关监管仓库办理出库手续。

（4）货物的安全检查

①品名、包装检查。货运仓管员在收运前对托运货物的品名和包装进行检查核对，拒绝承运包装不合格和民航运输规定禁运的货物；对限制运输物品核查国家主管部门证明文件，通知值班领导现场处理，符合规定者才能承运。将收运货物的有关情况录入货运管理系统和相关台账。

②件数核对。仓管员按货物托运书或货运单核对件数，核对品名是否与实物相符合，再进行安检。

③填写《安检申报清单》。由托运人或销售代理人填写"安检申报清单"，随同货物托运书与所需证明文件一同交机场安检部门；对属于国家规定免于安全检查的货物，托运人或销售代理人应持有效证明文件向机场公安机关换发免检证明，提供给机场安检部门。

④安检。收运的货物确保100%经过安全检查。当货物经过安检仪器，屏幕显示有可疑物品时，应进行开箱检查。开箱时货主必须在场，检查后应尽量帮货主将货物原样封好。如发现货物中有违禁品，应严格按规定处理：如有危险品、爆炸物品等，应迅速控制该物品并及时报告值班领导处理。对安检无问题的货物，由机场安检部门出具货物安检证明，或加盖安检章。通过安检的货物实施封闭式管理直至装机；安检不合格的货物不予收运。

（5）装机

应提前将预装机单发送给监装监卸员和装卸班长，确保装卸人员按照装卸机单的指示准确装卸。监装监卸员对货物的装、卸机全过程进行监督，并做好监督记录。国际货物装机还要在海关监督下操作，并在航班起飞后，向经停站和目的站拍发舱单报。

2. 航空接收货物流程

（1）货物到达

飞机进港后，货运外场人员取回到达航班货邮舱单并监督卸机。国际货物须先由海关工作人员根据货邮舱单验货，经允许后卸机。

（2）货物入库

卸机完成后，须给到达货挂好挂网，以防丢失，然后拉回到达库。货物入库后，仓管员按照货邮舱单、航空货运单清点到港的货物。如是中转货，则直接将其入出发库交接清点，由出发库管理员核对无误在中转货单上签字后将中转货进行电子称重，然后交给营业员，由营业员录入货单信息。

（3）到货通知

到货通知时采用电话通知或信函通知等形式。急件货物的到货通知在货物到达后 2 小时内发出，并将有关情况说明记录于货运单正上方空白处。普通货物的到货通知在货物到达后 24 小时内发出，并将有关情况说明记录于货运单正上方空白处。

（4）货物提取证明查验

办理提货手续时应要求收货人出示有效身份证明并检查；查验完毕后，到港营业员将由收货人签字并登记身份证件号码的"货单目的站联"进行留存，同时将实收提货费金额写在货单储运注意事项栏中，将盖有现金收讫章的货单交付联/货单收货人联及提货费发票交货主。

（5）货物交付

到达库仓管员在接到收货人所持盖有现金收讫章的货单交付联、提货费发票，与货物核对无误后，将货物搬运出库，并当场交付给收货人。

（6）货物查询

营业员按货主要求的查询内容向相关单位和工作人员核查，并将核查结果按货主要求的方式和时间及时通报货主，并做好对查询全过程的情况记录。查询员接到外站查询电报，应向仓管员查询，并按要求及时答复。

3. 进出境快件作业流程

（1）快件分类

根据我国确定的分类标准，进出口快件分为以下三类：文件类、个人物品类和货物类。

文件类进出境快件是指法律、法规规定予以免税且无商业价值的文件、单证、票据及资料。

个人物品类进出境快件是指海关法规规定自用、合理数量范围内的进出境的旅客分离运输行李物品、亲友间相互馈赠物品和其他个人物品。

货物类进出境快件是指文件类、个人物品类规定以外的快件。

（2）快件申报

①快件 EDI 用户接收境外公司以 EDI 方式传输的电子数据，经转换程序转换为海关计算机可以处理的数据后，传输至海关计算机系统，构成向海关申报的数据。

②快件非 EDI 用户由预录入公司以终端方式录入数据，传输至海关计算机系统，构成向海关申报的数据。

③每一份总运单项下的快件数据构成一份快件 EDI 报文，文件类快件与非文件类快件不得在同一个总运单项下申报。

④各快件公司以 EDI 方式、终端预录入方式向海关传输的报关电子数据具有法律效力。

（3）快件审核

①在海关收到快件公司传输的电子数据后，系统会对快件报关数据自动进行审核，根据快件基本分类标准进行逻辑判断，确定每一票分运单放行或报关，写出验放代码。

②快件审单。关员采用人工干预的方式对快件报关数据进行审核，根据快件监管办法规定的快件验放标准，通过审核快件品名、价值、收件人、重量确定审核结果，改写验放代码。

③快件审核结果及验放代码为：R——放行；C——查验；D—报关。

④海关审核完快件报关数据后将审核结果存盘，反馈给各快件公司。快件 EDI 用户根据审核结果自行打印各种通知单；快件非 EDI 用户根据审核结果由预录入公司或海关打印各种通知单。各快件公司根据海关的审核结果，填制报关单，办理快件的查验、放行，以及快件的报关手续。

（4）快件的报关单证

①文件类进出境快件报关时，运营人应当向海关提交报关单、总运单和海关需要的其他单证。

②个人物品类进出境快件报关时，运营人应当向海关提交个人物品申报单、每一进出境快件的分运单、进境快件收件人或出境快件发件人身份证件影印件和海关需要的其他单证。

③货物类进境快件报关时，运营人应当按下列情形分别向海关提交报关单证：对关税税额在规定的关税起征数额以下的货物和海关规定准下免税的货样、广告品，应提交报关单、每一进境快件的分运单、发票和海关需要的其他单证。对应予征税的货样、广告品，应提交报关单、每一进境快件的分运单、发票和海关需要的其他单证。

④货物类出境快件报关时，运营人应按下列情形分别向海关提交报关单证：对货样、广告品，应提交报关单、每一出境快件的分运单、发票和海关需要的其他单证。其他货物，按照海关对进出口货物通关的规定办理。

第二节　物流运输决策

一、物流运输路线的确定

行驶路线就是车辆在完成运输工作中的运行路线。由于在组织车辆完成货运任务时，通常存在多种可选行驶路线方案，而车辆按不同的运行路线完成同样的运输任务时，其利用效果是不一样的。因此，在满足货运任务要求的前提下，要选择一条最经济的运行路线。所谓最经济的运行路线，就是在保证运输安全、满足运输服务要求的前提下运输时间和运输费用最省的路线。由于在一般情况下，车辆的运输时间和运输费用均和车辆行程成正比，因此，在忽略车辆行驶速度、不同道路条件、车辆运行费用差别的前提下，可以认为行程最短的路线是最经济的运行路线。

（一）运输路线的确定原则

运输路线是指各送货车辆向各个用户送货时所要经过的路线。运输路线合理与否对运输速度、车辆的合理利用和运输费用都有直接影响，因此运输路线的优化问题是运输管理的主要问题之一。采用科学、合理的方法来确定运输路线，是运输管理中非常重要的一项工作。

1. 确定目标

目标的选择是根据物流运输的具体要求、承运人的实力及客观条件来确定的。运输路线规划的目标可以有多种选择：

①以效益最高为目标，即以利润最大化为目标。

②以成本最低为目标。

③以路程最短为目标。如果成本与路程相关性较强，而和其他因素的相关性较小时，可以选它作为目标。

④以吨千米数最小为目标。"节约里程法"的计算采用这一目标。

⑤以准确性最高为目标。它是运输管理中重要的服务指标。

当然还可以选择运力利用最合理、劳动消耗最低作为目标。

2. 确定物流运输路线的约束条件

运输的约束条件一般有以下几项：

①满足所有收货人对货物品种、规格、数量的要求。

②满足收货人对货物送达时间范围的要求。

③只能在允许通行的时间段内进行运输。

④各运输路线的货物量不得超过车辆容积和载重量的限制。

⑤在承运单位现有运力允许的范围内。

（二）制定车辆运输路线

运输路线的选择影响到运输设备和人员的利用。正确确定合理的运输路线可以降低成本，因此运输路线的确定是运输决策的一个重要领域。尽管路线选择问题种类繁多，但可以将其归纳为几个基本类型。

1. 起讫点不同的单一问题

对分离的、单个始发点和终点的网络运输路线选择问题，最简单和直观的方法是最短路线法。网络由节点和线组成，节点与节点之间由线连接，线代表节点与节点之间运行的成本。除始发点外，所有节点都被认为是未解的，即均未确定是否在选定的运输路线上。

2. 多起讫点问题

如果有多个货源地可以服务多个目的地，那么面临的问题是，要选择供货地，同时要找到供货地、目的地之间的最佳路径。该问题经常发生在多个供应商、工厂或仓库服务于多个客户的情况下。如果各供货地能够提供的货物有限，则问题会更复杂。解决这类问题常常可以运用一类特殊的线性规划算法。

3. 起讫点重合的问题

物流管理人员经常遇到的一个路线选择问题是始发点就是终点的路线选择。这类问题通常在运输工具是私人所有的情况下发生。这类问题求解的目标是寻求访问各点的次序，以求运行时间或距离最小化。始点和终点相重合的路线选择问题通常被称为"旅行推销员"问题，对这类问题应用经验探试法比较有效。

（三）安排车辆运输路线和时间

车辆运输路线和时间安排是车辆运输路线选择问题的延伸，车辆运输路线和时间安排受到的约束条件更多。

1. 车辆运输路线和时间安排受到的约束

①每个停留点规定的提货数量和送货数量。

②使用的多种类型车辆的载重量和载货容积各不相同。

③车辆在路线上休息前允许的最大的行使时间。

④停留点规定的在一天内可以进行提货的时间。

⑤可能只允许送货后再提货的时间。

⑥驾驶员可能只能在一天的特定时间进行短时间的休息或进餐。这里的问题是车辆从一个仓库出发，向多处停留点送货，然后在同一天内返回该仓库，要安排一个满意的运输路线和时间。

2. 满意的运输路线和时间安排原则

运输路线和时间安排的决策者，如车辆调度员，在长期的实际工作经验中提炼出下列八条原则：

①将相互接近的停留点的货物装在一辆车上运送。车辆的运输路线应将相互接近的停留点串起来，以便停留点之间的运输距离最小化，这样也就使总的运输时间最小化。

②对于集聚在一起的停留点，安排同一天送货。当停留点的送货时间是定在一周的不同天进行时，应当对积聚在一起的停留点安排同一天送货。要避免不是同一天送货的停留点在运输路线上重叠，这样有助于使所需的服务车辆数目最小化以及一周中的车辆运输时间和距离最小化。

③运输路线从离仓库最远的停留点开始。合理的运输路线应从离仓库最远的停留点开始将该集聚区的停留点串起来，然后返回仓库。一旦确认了最远的停留点之后，送货车辆应一并载上与这个关键停留点相邻的其他停留点货物。这辆运货车满载后，再选择另一个最远的停留点，用另一辆运货车满载与第二个最远停留点相邻的一些停留点的货物，按此程序进行下去，直至所有停留点的货物都分配完。

④一辆运货车顺次途径各停留点的路线要成水滴状。运货车辆顺次途经各停留点的路线不应交叉，最好呈水滴状。不过，停留点工作时间的约束和在停留点送货后再提货的要求往往会导致路线交叉。

⑤最好是使用一辆载重量大到能将路线所有停留点上货物都装下的送货车，这样可将服务区停留点的运行距离或时间最小化。因此在多种规格车型的车队中，应优先使用载重量大的送货车。

⑥提货应混在送货过程中进行，而不要在运行路线结束后再进行。提货应尽可能在送货过程中进行，以减少线路交叉，而在送货结束后再进行提货经常会发生线路交叉。提货混在送货中进行，究竟能做到什么程度，则取决于送货车辆的形状、提货量以及所提的货物对车辆后续送货的影响程度。

⑦对偏离集聚停留点路线远的单独停留点可应用另一个送货方案。偏离停留点集聚区远的停留点，特别是那些送货量小的停留点，一般要花费大量的运输时间和费用，因此使用小载重量车辆专门为这些停留点送货是经济的，其经济效益取决该停留点的偏离度和送货量。偏离度越大，送货量越小，使用小载重量的车辆专门为这些停留点送货越经济。另一个可供选择的方案是租用车辆为这些停留点送货。

⑧应当避免停留点的工作时间太短的约束。停留点的工作时间太短常会迫使运输线路偏离理想状态。由于停留点的工作时间约束一般不是绝对的，因此如果停留点的工作时间确实影响到合理的送货路线，则可以与停留点协商，调整其工作时间或放宽其工作时间约束。

3. 用扫描法制定车辆运输路线

当附加了许多约束条件之后，要解决车辆运输路线和时间安排问题就变得十分复杂，而这些约束条件在实际工作中常常会出现，如停留点的工作时间约束、不同载重量和容积的多种类型的车辆、一条路线上允许的最大的运行时间、不同区段的车速限制、运行途中的障碍物、驾驶员的短时间休息等。

4. 安排车辆运输时间

车辆运输路线的设计是假定一辆送货车服务一条路线，如果路线短，就会发生送货车辆在剩余时间里得不到充分利用的问题。实际上如果第二条路线能在第一条路线任务完成后开始，则完成第一条路线的送货车辆可用于第二条路线的送货。因此送货车的需求量取决于路线之间的衔接，应使车辆的空闲时间最短。

（四）运送路线的优化方法

1. 直送式配送运输路线优化

配送中心要服务多家连锁店，一般各门店每天或两天要货一次，每天要货的店有许多家，且分布在全市各个地方。由于车辆有限，配送中心供应品种又较多，如何合理地调度这些送货车辆，在保证各门店要货能及时得到满足的前提下，使送货车辆经过的路途最少，是一项十分有意义的工作。

2. 分送式配送运输路线优化

配送运输过程中影响运输的因素很多，如车流量的变化、道路状况、客户的分布状况和配送中心的选址、道路交通网、车辆额定载重量以及车辆运行限制等。线路设计就是整合影响运输的各因素，适当地利用现有的运输工具和道路，及时、安全、方便、经济地将客户所需的物资准确送达客户手中。在运输路线设计中，需根据不同客户群的特点和要求，选择不同的路线设计方法，最终达到节省时间、运输距离和运输费用的目的。

分送式配送运输是指由一个供应点对多个客户的共同送货。其基本条件是所有客户的需求量总和不大于一辆车的额定载重量。送货时，由这一辆车装着所有客户的货物，沿着一条精心选择的最佳路线一次将货物送到各个客户手中。这样既保证按时按量将用户需要的货物及时送到，又节约了车辆、节省了费用、缓解了交通压力，并减少了运输对环境造成的污染。

二、物流运输优化

（一）运输优化的含义

现代物流运输优化是第三利润源的一个重点。所谓物流运输优化，是从物流系统的总体目标出发，运用系统理论和系统工程原理和方法，充分利用各种运输方式的优点，以运筹学等数量方法建立模型与图表，选择和规划合理的运输路线和运输工具，以最短的路径、最少的环节、最快的速度和最少的费用组织好物质产品的运输活动，避免不合理运输的出现。

而所谓运输优化，是指按商品自然流向，组织商品合理运输的活动。它直接决定着商品物流的效率与结果，合理的、优化的商品运输不但能节约物流成本、提高商品运输的速度，而且还由于它能有效地连接生产和消费，从而既有利于物流服务和商品价值的实现，又能有效地促进生产商的按需生产，真正使供应链物流的管理建立在实际需要的经营基础上。要实现商品的运输优化并了解其内容和作用，必须在满足经济发展和顾客需求的前提下，保证生产和流通的社会劳动耗费最小。

（二）运输优化的作用

物流运输优化，即合理化的作用主要体现在以下几点：

①合理组织物品的运输，有利于加速社会再生产的进程，促进国民经济持续、快速、稳定、协调地发展。

②合理运输能节约运输费用，降低物流成本。运输费用是构成物流费用的重要组成部分。在物流过程中，运输作业所消耗的活劳动和物化劳动占的比例最大。物流过程的合理运输，就是通过运输方式、运输工具和运输路线的选择，进行运输分类的优化，实现物品运输的合理化。物品运输的合理化必然会达到缩短运输里程、提高运输工具的运用效率，从而达到节约运输费用、降低物流成本的目的。

③合理的运输缩短了运输时间，加快了物流速度。运输时间的长短决定着物流速度的快慢。合理组织物品的运输，才能使被运输的物品在途中的时间尽可能缩短，能达到到货及时的目的，因而可以降低库存物品的数量，实现加快物流速度的目标。因此，从宏观的角度讲，物流速度的加快减少了物品的库存量、节约了资金的占用。

④运输合理化可以节约运力，缓解运力紧张的状况，还能节约能源。运输合理化可以改变许多不合理的运输现象，从而节约了运力，提高了货物的通过能力，起到合理利用运输能力的作用。同时，合理运输降低了运输部门的能源消耗，从而提高了能源利用率。

（三）车辆运行组织的优化

提高车辆的时间利用率，属于组织技术性问题，包括采用先进的货运形式、选择行驶路线及合理组织装卸工作等。

1. 多班运输

（1）多班运输含义

多班运输，是指在一昼夜内，车辆工作超过一个工作班以上的货运形式。

货运车辆总生产率的关系式表明，增加车辆在路线上的工作时间，能相应地提高车辆的总生产率。实行多班运输，可以停人不停车或少停车，增加了车辆工作时间，提高了车辆设备利用率和生产率。

组织多班运输的基本方法，即是每辆汽车配备两名以上的驾驶员，分日夜两班或三班轮流行驶。这种组织方法比较简单易行，在货源、驾驶员、维修、装卸等条件都具备的情况下，不需增添车辆设备就可开展，并能取得较好效果。

组织多班运输，主要应解决好劳动组织和车辆的行车调度。劳动组织的首要任务是：注意安排好驾驶员的劳动休息和学习时间，同时也应考虑到定车、定人和车辆保修的安排。

在组织多班运输时，由于夜班比日班条件差，不论道路照明、事故处理、工作联系等方面都不如日班方便。对大宗货运任务以及组成往复式的货运任务，由于其配载及装卸作业较单一，适合安排夜班运输。

为适应开展多班运输，应特别注意和收发货单位搞好协作关系，创造良好的装卸货现场条件，以保证顺利地开展多班运输。

（2）组织多班运输必须具备的条件

①货源固定、大宗，有夜间作业条件。

②运输线路和现场条件也适合多班运输的开展。

③能按开展多班运输的要求安排好各环节的人员力量。

④保修技术力量能适应多班运输快速保修的需要。

⑤有能保证多班运输的装卸力量。

（3）多班运输的组织形式

①一车两人，日夜双班。即每车配备驾驶员两人，分为日夜两班，每隔一定时间，日夜班驾驶员相互调换一次，配备一名替班驾驶员，替班轮休。这种组织形式又可根据运距长短分为起点交接、中途交接和随车交接三种形式。

②一车三人，日夜双班、两工一休。即每车配备三个驾驶员，日夜双班，每个驾驶员工作两天，休息一天。这种组织形式适宜于一个车班，能完成一趟或多趟往返的运输任务。

③一车三人，日夜三班，分段交接。即每车配备驾驶员三人，日夜三班行驶。驾驶员在中途定站定时进行交接，途中交接站可设在离终点站较近的地方，并在一个车班时间内能往返一次，在起点站配备驾驶员两人，交接站配备驾驶员一人，每隔一定时间三名驾驶员轮流替换。这种组织形式能充分利用车辆设备，运输效率高，但驾驶员的工作时间不均衡，需要驾驶员的人数也较多，并要做到车辆及时维修。

④两车三人，日夜双班、分段交接。即两辆车配备驾驶员三人、分段驾驶，交接站设置在离起点站或到达站较近、在一个车班时间内能完成一次往返的地方。这种组织形式适用于两天可以往返一次的运输任务。这种组织形式，能做到定人定车运行，需配备驾驶员较少，但车辆利用时间仅较单班车提高50%，实际上是一班半的运行制度。

（4）组织多班运输时的注意事项

①合理选定交接班的地点。

②配运时，要将难运的货物安排在日班，好运的安排在夜班。

③运行管理工作应适应多班运输的情况，协调好人员、货物发送、交付及装卸等环节。虽然多班运输能使单车产量有所提高，但企业开支的费用与工作人员也随之相应增加，所以只有全员劳动生产率有了提高，单位成本同时有所下降，才是多班运输的现实效果和优化方案。

2. 四定运输

"四定运输"就是定车、定人、定任务、定时间进行运输生产，在送货量大且稳定的情况下，使用"四定运输"能取得较好的运输效果。

定车、定人能使驾驶员熟悉自己汽车的特性，更好地爱护车辆和使用车辆。

定任务能使驾驶员熟悉任务的性质、道路、装卸现场及收发货人的情况，先做好装卸货的准备工作；可简化收发货手续，提高车辆利用率和服务质量；可使装卸工人更熟练地掌握该种货物的装卸工作，有利于提高工作效率和促进装卸工作机械化。

定时间运输就是指以车辆运行图和行车时刻表为依据而组织的运输。定时间运输有利于搞好运输生产各环节之间、运输单位与货主之间的衔接工作，尤其是在拖挂运输、双班运输中采用定时运输，更能收到较好的经济效果。

要搞好定时间运输，必须做好运输生产过程中各项有关作业时间消耗的查定工作，其具体内容包括：

①查定车辆在不同线路上空驶或重驶的时间定额。

②查定车辆在装载不同种类货物时的装卸车作业时间定额。

③确定驾驶员解决生活问题和交接班等所需要的时间。

有了上述时间标准，就可据此制定车辆运行图和行车时刻表。

（四）车辆调度

车辆是在点多、面广、纵横交错、干支相连的运输网络中分散流动的，涉及多个部门、多个环节，工作条件较为复杂。这就需要建立一个具有权威性的组织指挥系统——车辆调度部门，来进行统一领导、统一指挥，且能灵活地、及时地处理问题。

1. 车辆调度工作的作用

①保证运输任务按期完成。

②能及时了解运输任务的执行情况。

③促进运输及相关工作的有序进行。

④实现最小的运力投入。

2. 车辆调度工作的特点

①计划性。坚持合同运输与临时运输相结合，以完成运输任务为出发点，认真编制、执行及检查车辆运行作业计划。

②预防性。在车辆运行组织中，经常进行一系列预防性检查，发现薄弱环节时及时采取措施，避免运输中断。

③机动性。加强信息沟通，机动灵活地处理有关部门的问题，准确及时地发布调度命令，保证生产的连续性。

3. 车辆调度的基本原则

①坚持统一领导和指挥、分级管理、分工负责的原则。

②坚持从全局出发、局部服从全局的原则。

③坚持以均衡和超额完成生产计划任务为出发点的原则。

④坚持最低资源投入和获得最大效益的原则。

车辆运行计划在组织执行过程中常会遇到一些事前难以预料的问题，如：客户需求量变动、装卸机械发生故障、车辆运行途中发生技术障碍、临时性桥断路阻等，这就要有针对性地加以分析和解决。调度部门要随时掌握货源状况、车况、路况、气候变化、驾驶员思想状况、行车安全等，确保运行作业计划顺利进行。

4. 车辆调度的方法

车辆调度的方法有多种，可根据客户所需货物、配送中心站点及交通路线的布局不同而选用不同的方法。简单的运输可采用定向专车运行调度法、循环调度法、交叉调度法等。如果运输任务较重，交通网络较复杂，为合理调度车辆的运行，可运用运筹学中线性规划的方法。

（五）运输优化的方法

1. 图上作业法

图上作业是在交通示意图上，就产地产量与销地销量的平衡关系，运用运筹学原理，寻找能够满足需要的运费最省的方法。图上作业法的基本规则是：对于不成环状的交通路线图，从各端开始，按就近供应的原则和先支线后干线的基本要领，绘制出没有对流的调运方案图，就是所要规划的最优调运方案；对于形成环状的交通线路图，且发点与收点交错迂回的，就比较复杂，必须以"环内外流向总路程应分别小于或等于该环总路程的一半"定理为准则，设计所要控制的最优方案。

2. 表上作业法

表上作业法是利用商品调运平衡表和单位运价表的资料，通过位势表和检验表的运算作业，设计所要控制的最省费用的调运方案。

利用表上作业法求解运输的最优方案，一般要经过以下三个步骤：首先给出一个初始方案；然后依据一个判定准则，判别其是否最优；最后，对判定不是最优的已有方案进行调整。

第七章　交通系统决策分析与评价

第一节　交通系统决策概述

一、决策的概念

系统决策是指在一定的条件下，根据系统的状态，在可采取的各种策略中，依据系统目标选取一个最优策略并付诸实施的过程。科学决策不同于经验决策，它是在对系统进行科学分析的基础上，运用科学的思维方法，采用科学的决策技术做出决策的过程。

在现代管理中，决策显得尤为重要，管理就是决策，决策是对稀有资源备选方案进行选择排序的过程；决策是决策者对将采取的行动方案的选择过程。

朴素的决策思想自古有之，但在落后的生产方式下，决策主要凭借个人的知识、智慧和经验。生产和科学技术的发展越来越要求决策者在瞬息万变的条件下对复杂的问题迅速做出决断，这就要求对不同类型的决策问题，有一套科学的决策原则、程序和相应的机构、方法。随着计算机技术的发展，决策分析的研究得到极大的促进，随之产生的计算机辅助决策支持系统，使许多问题可以在计算机的帮助下得以解决，在一定程度上代替了人们对一些常见问题的决策分析过程。

二、决策的基本要素

决策分析的基本要素包括以下几个方面。

（一）决策者

决策者是指决策过程的主体，即决策人。一般来说，他是某一方面或某一部分人的利益代表者。决策者在决策过程中起着决定作用。由多方利益代表者构成的决策集体称多人决策，或称这个集体为决策组、决策集团。

（二）方案要素

方案指的是决策过程中可供选择的行动方案或策略。方案可以是有限的，也可以是无限的。

（三）结局

结局是方案选择以后所造成的结果。如果没有不确定性，则只有一个结局，称为确定型决策；如选择方案后，结果存在不确定性，则存在多种结局。

（四）价值及效用

价值是指对结局所作出的评价。在决策分析中，一般无风险下对结局的评价称为价值，可以用具体的益损值表征；在有风险的情况下，价值将随风险的大小有所改变，称为效用。

三、决策的程序

决策程序是人们长期进行决策实践时的步骤，是人们长期进行决策实践的科学总结。正确的决策不仅取决于决策者的素质、知识、才能、经验以及审时度势的能力，并且与认识和遵循决策的科学程序有着密切的关系。

科学的决策程序一般包括以下几个基本步骤。

（一）提出问题，确定目标

提出问题是指提出必须解决的、将要发生的问题。决策者应能够根据经济与科学技术的发展，或依据先进经验，或从搜集和整理的情报中发现差距。一个决策者如能站得高、看得远、统观全局，就能找出问题的关键所在。目标是决策的出发点和归宿，也是通过决策所要预期达到的技术经济成果。

决策目标有技术上的目标，也有经济上的目标。为提高运输企业经济效益而确定的目标就属于经济上的目标；研发先进的运输装备以提高运输能力就属于技术上的目标。目标的确定要考虑以下几点。

1. 目标的针对性

针对所要解决的问题，如是为了增加运量还是为了降低成本；针对决策者的职责范围，如降低成本问题。上级有上级的目标，下级有下级的目标，下级的目标要服从上级的目标。

2. 目标的准确性

要概念明确，时间、数量、条件等都要具体加以规定。这一方面是作为方案可行性的依据，另一方面是为了有可能对执行的结果进行检查。

3. 目标的先进性和可靠性

要建立一个必须经过人们艰苦努力才能够达到的目标，而不是建立一个轻易可达到的目标，否则，就不能调动群众的积极性，就不能充分挖掘潜力。同时，要注意使目标有较大实现的可能性，注重实际，量力而行，不能是空想的、不可实现的。

4. 目标的相关性

一项决策可能涉及多项目标，这时要分清哪些是长期目标，哪些是近期目标；哪些是战略目标，哪些是战术目标；哪些是主要目标，哪些是次要目标；并且还要明确它们的衔接关系。对于主次目标，还必须确定一个优先顺序，使次要目标服从于主要目标，以保证更主要目标的实现。

（二）调查研究，拟定可行方案

根据目标，拟定可行方案，这是决策的基础。

研究提出的可行方案，要根据系统的内外部条件，采取专家和群众相结合的方法，群策群力，集思广益，不能仅靠少数几个人的苦思冥想；要善于启发，使人们解放思想；要重视"奇谈怪论"式的只言片语或"头脑风暴"式的敢想敢言。

各个方案提出后，还要对每个方案进行充分的研究和可行性论证，要尽可能分析每一个方案的措施、组织、资源、人力、经费、时间等。通过论证，只有在技术上可行的方案才能够作为决策分析中待比较、选择的方案；而且，至少要有两个以上的可行方案可供选择。

（三）对方案进行评价和选择

评价方案，首先要根据决策目标，制定一套评价标准；其次要通过各种模型，对备选方案进行系统分析、综合评价，以便比较、选优。在全面评价的基础上，最后选定行动方案。

（四）贯彻实施方案

目标是否明确、方案是否满意都有待于在方案的贯彻执行中加以验证。决策方案确定后，要落实到有关责任部门和人员，制定实施决策的规划和期限，解决与实施决策有关的问题。

为了将实际效果与预计效果相比较，要建立健全信息反馈渠道，及时收集决策方案实施过程中的有关资料，若发现与预计效果有差异，要有针对性地查明原因，并加以修正调整，以保证决策目标全部实现。

四、决策的准则

科学的决策，就是在科学理论的指导下，通过科学的方法，做出有科学依据的决策。它必须遵循信息准则、预测准则、科学准则、系统准则、可行准则、选优准则、行动准则、反馈准则。

1. 信息准则：决策应以可靠的、高质量的信息为基础。

2. 预测准则：通过预测为决策提供有关未来的信息，使决策具有远见卓识。

3. 科学准则：用科学理论作为决策的指导，掌握决策对象发展变化的规律。

4. 系统准则：要考虑决策涉及的整个系统和相关系统，还应使系统同环境能彼此协调；决策的结果应让系统处于最佳状态，不能顾此失彼。

5. 可行准则：决策涉及系统的人力、物力、财力资源及技术水平等，要建立在可以办得到的基础上。

6. 选优准则：决策也是选优的结果，因此必须具有两个以上的方案，并根据一定价值观念和标准，从中选定满意的或最佳的方案。

7. 行动准则：决策都是要付诸实施的，有了决策，必然导致某种行动，并且要有行动的结果。

8. 反馈准则：决策不可能十全十美，应把实践中检验出的不足和变化了的信息及时反馈给决策者，以便据此做出相应调整。

五、决策的分类

由于决策的内容广泛、层次复杂、方法多样，所以可以从不同角度对决策进行分类。

按决策的重要性分类可将决策分为战略决策、策略决策和执行决策。战略决策是涉及某组织发展和生存的、有关全局和长远的决策。策略决策是为完成战略决策所规定的目的而进行的决策。执行决策是根据策略决策的要求对执行行为方案的选择。

按决策的结构可分为程序决策和非程序决策。程序决策是一种有章可循的决策，一般是可重复的。非程序决策一般是无章可循的，只能凭经验直觉做出应变的决策，一般是一次性的。由于决策的结构不同，解决问题的方式也不同。

按定量和定性可分为定量决策和定性决策。当描述决策对象的指标都可以量化时称为定量决策；否则便称为定性决策。

按决策过程的连续性可分为单项决策和序贯决策。单项决策是指整个决策过程只作一次决策就得到结果。序贯决策是指整个决策过程由一系列决策组成。

六、交通运输系统决策

所谓交通运输系统决策问题，就是在运输系统中与运输活动有关的决策问题，如运输经济决策、运输科技决策、运输发展决策等。

第二节　确定型、不确定型、风险型问题的决策

一、交通运输系统决策概述

交通运输系统决策分为确定型、不确定型和风险型三种。确定型决策是指决策环境是完全确定的，做出选择的结果也是确定的。风险型决策是指决策的环境不是完全确定的，而其发生的概率是已知的。不确定型决策是指决策者对将发生结果的概率一无所知，只能凭决策者的主观倾向进行决策。

按决策过程的连续性可分为单项决策和序贯决策。单项决策是指整个决策过程只作一次决策就得到结果。序贯决策是指整个决策过程由一系列决策组成。一般管理活动是由一系列决策组成的，但在一系列决策中往往是几个关键环节要做决策，可以把这些关键的决策分别看作单项决策。

所谓运输系统决策问题，就是在运输系统中与运输活动有关的决策问题。如运输经济决策、运输科技决策、运输发展决策，等等。从运输企业的长远发展方向来看，要不要增加新的投资、扩大运输规模，要不要引进新技术、新工艺、新设备；从运输企业的日常管

理工作来看，运输价格应如何确定，运输设备何时更新以及如何更新等所有这些问题，都要求决策者能够做出合理、适时、科学、正确的决策。

决策过程是指，从明确要解决的问题出发，经过认真的调查研究，分析客观情况和主观目标要求，制定多个可行方案，最后选定最佳或满意的行动方案，并加以贯彻实施。决策的实质是一个优化过程，在这个过程中反复分析、比较、综合并作出选择，实际的决策往往是一个循环的过程。

日常生活和生产实践中，凡是对于同一问题面临几种情况，而又有多种方案可供选择时，就形成了一个决策。面临的几种情况，称为自然状态或简称状态，上例中天气好和天气不好就是两个自然状态，这些自然状态是不以人的意志为转移的。但是这些自然状态中必然且只能出现一种状态。在决策中，参加比较的方案称为策略，也称为行动方案。

二、确定型运输问题的决策

（一）确定型决策的主要特征

确定型决策就是指能够确定计算出各方案的益损值，从中选出最优决策。确定型决策的主要特征是：

①存在决策者希望达到的一个明确目标。

②存在一个确定的自然状态。

③存在可供决策者选择的两个或两个以上的行动方案。

④不同的行动方案在确定状态下的效益值可以计算出来。

（二）确定型决策的方法

确定型决策问题看起来似乎很简单，但在实际工作中往往是很复杂的，因为可供选择的方案是很多的，仅仅通过直观比较难以确定出最优方案。常用的决策方法有：线性规划、非线性规划、动态规划、目标规划、整数规划、投入产出数学模型、确定型库存模型等。另外，决策者面对要决策的问题要达到多目标的情况也很多，这时可用多目标规划来解决。

三、不确定型运输问题的决策

（一）悲观准则

悲观准则又称极大极小决策标准。当决策者对决策问题不明确时，唯恐由于决策失误带来的损失，因而，在做决策时小心谨慎，总是抱着悲观的态度，从最坏的结果中争取最好的结果。

决策步骤：①编制决策效益表。②从每一个方案中选择一个最小的效益值。③在这些最小的收益值对应的决策方案中选择一个效益值最大的方案为备选方案。

决策原则：小中取大。

（二）乐观准则

乐观准则又称极大决策标准，主要特征是实现方案选择的乐观原则。进行决策时，决策者不放弃任何一个获得好结果的机会，争取大中取大，充满乐观冒险精神。

决策步骤：①编制决策效益值表；②从每一个方案中选择一个最大的收益值；③在这些最大的收益值对应的决策方案中选择一个收益值最大的方案为备选方案。

决策原则：大中取大。

（三）折中准则

乐观准则和悲观准则都过于极端，折中准则是介于二者之间的一个决策标准。在进行决策的时候，要求决策者确定一个折中系数。

（四）遗憾准则

遗憾准则是一种使遗憾值最小的准则。所谓遗憾值是指决策者在某种自然状态下本应选择收益最大的方案时却选择了其他方案而造成的机会损失值。该准则要求决策者首先计算各方案在不同状态下的遗憾值，再分别找出各方案的最大遗憾值，最后在这些最大遗憾值中找出最小者对应的方案，即将最小的最大遗憾值对应的方案作为最优决策方案。

（五）等可能准则

等可能准则又叫拉普拉斯决策准则。其主导思想是决策人把状态发生的概率都取成等可能值。然后按风险型决策问题的期望值法进行决策。

四、风险型运输问题的决策

（一）决策树法

决策树法是以图解的方式分别计算各方案在不同自然状态下的益损值，通过对每种方案益损期望值的比较做出决策。

1. 决策树的结构

决策树法是利用树形结构图辅助进行决策的一种方法：这种方法是把各种备选方案、可能出现的状态以及决策产生的后果，按照逻辑关系画成一个树形图，在树形图上完成对各种方案的计算、分析和选择。决策树由以下四个部分组成。

（1）决策节点

在决策树中用"□"代表，表示决策者要在此处进行决策。从它引出的每一个分枝，都代表决策者可能选取的一个策略。

（2）事件节点

在决策树中用"O"代表，从它引出的分枝代表其后继状态，分枝上括号内的数字表明该状态发生的概率。

（3）结果节点

在决策树中用"△"表示，它表示决策问题在某种可能情况下的结果，它旁边的数字是这种情况下的益损值。

（4）分枝

在决策树中连接两个节点的线段，根据分枝所处的位置不同，又可以分成方案枝和状态枝。连接决策节点和事件节点的分枝称为方案枝；连接事件节点和结果节点的分枝称为状态枝。

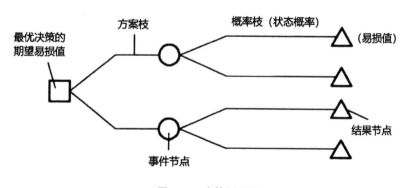

图 7-1 决策树结构

2. 决策树法的决策步骤

（1）画决策树

画决策树的过程就是拟定各种方案的过程，也是进行状态分析和预估方案结果的过程。因此，首先要对决策问题的发展趋向步步深入地进行分析，然后按决策树的结构规范由左向右逐步画出决策树。

（2）计算各方案的期望值

按期望值的计算方法，从图的右边向左逐步进行，并将结果表示在方案节点的上方。

（3）剪枝选择方案

比较各方案的期望值，选取期望收益最大或期望损失最小的方案为最佳方案。将最佳方案的期望值写在决策点的上方，并在其余方案枝上进行剪枝，表示舍弃该方案。

风险型决策问题与不确定型决策问题的本质区别在于：前者利用自然状态出现的概率分布，以期望收益值最大为决策目标，所得到的结果比较能够符合客观情况；而后者则是对未来的自然状态一无所知，其决策受主观意识的影响很大，带有一定的盲目性。

在风险型决策问题中，确定未来状态出现的概率是非常重要的。各种自然状态出现的概率可以用统计资料、实验结果得出，但大多数情况下要凭经验、知识甚至是预感对未来的情况进行估计，这样得出的概率值称为主观概率。对同一事件，不同的人做出的主观概率的估计是不同的，因此，所得出的决策结果也是不同的。对于不确定型决策，只要决策者对未来状态出现的可能性不是全然不知，就总可以做出一些估计，因而即可转化成风险型决策问题。

（二）最大可能法

最大可能准则的基本思想是将风险型决策问题转化为确定型决策问题。风险型决策问题中，每种自然状态的发生都有一个概率值，某种状态发生的概率越大，说明该状态发生的可能性越大。基于这种想法，在风险型决策中，若某种状态出现的概率远比其他状态大得多的时候，就可以忽略其他状态，而只考虑概率特别大的这一种状态。这样，风险型决策问题就转变成确定型决策问题。

最大可能法要求决策者首先找出概率明显最大的自然状态，然后在这一状态下选取收益最大的方案为最优决策方案。

用最大可能法对风险型问题进行决策比较方便，但这种方法的适用范围是有限的。一般来说，在一组自然状态中，当其中某个自然状态出现的概率比其他状态出现的概率大得多，而它们相应的益损值相差不是很大时，用这种方法进行决策能得到较好的效果。相反，如果有一种方案各状态下的益损值相差较大，而概率却相差无几，或因状态很多而概率值都很小，这时则不宜采用该准则。

（三）期望值准则法

1. 益损期望值

在风险型决策问题中，未来出现哪种状态是不确定的，是一个随机事件，每一种可行方案能获得的收益也是个随机事件，但获得某个收益的概率是知道的。在所有方案中，收益期望值最大或损失期望值最小的方案就是最优方案。最大的益损期望值是平均意义下的最大收益。因此期望值准则适用于状态概率稳定的重复性决策，而对一次性决策则要冒一定风险。

2. 后悔值期望值

决策者制定决策后，若现实情况未能符合理想，将有后悔的感觉。每一种自然状态下总有一个方案可以达到最好的情况或取得最优值，如果选择其他方案其结果将达不到最优值，每种状态下各方案均有后悔值。在应用期望值准则时，除计算可行方案的益损值外，还可以根据各方案的后悔值计算后悔值期望值。从后悔值期望值中选取最小值，相应的方案即为最优方案。该准则只适用于矩阵决策问题。

第三节　交通项目决策分析与评价常用方法

一、交通项目决策分析与评价常用方法概述

评价是系统决策的重要基础，没有正确的评价也就不可能有正确的决策，所以，评价是系统决策的重要的组成部分。我国从 20 世纪 80 年代开始重视系统评价的研究，对一些重大工程项目进行技术经济论证，对一些大系统的开发进行综合评价。

系统评价是针对系统规划、设计、开发、改造、管理等问题，运用系统工程的思想，根据系统的目标和属性，综合考察系统在社会、政治、经济、技术等方面的作用，全面权衡利弊得失，从而为系统决策选择最优方案提供科学的依据。

交通运输系统是国民经济大系统中的一个重要子系统，它涉及的问题多而且复杂，影响广而且深远。因此，在对交通运输系统进行评价时，一要考察它与社会、经济系统的相互联系与相互作用，从生产系统的角度评价其经营效果，从服务系统的角度评价服务质量对用户的影响等；二要考察它与自然环境的相互影响，因为交通运输系统是在一定的外部

空间环境中运行的。此外，交通运输系统又是由各种运输方式相互结合、相互作用的一个综合的、复杂的系统，在某种程度上，各种运输方式之间存在着可替代性，但每种运输方式都有其各自的技术经济特点、优势以及合理的使用范围，其功能作用和影响也不尽相同。充分发挥各种运输方式的优点、优势，提高运输系统的综合运输能力，是当今世界交通运输发展的总体趋势。因此，必须从经济、技术、社会和环境等方面，对交通运输系统进行全面的、客观的、科学的评价，为交通运输系统的规划、决策提供可靠的依据。

（一）系统评价的理论基础

1. 效用理论

效用的概念起源于经济学领域，用于衡量商品满足人的欲望的能力和程度。效用与欲望一样是一种心理感觉，某种物品的效用大小没有客观标准，完全取决于消费者在消费某种物品时的主观感受。因而同一物品给人带来的效用因人、因时、因地而异。

当某个评价主体或决策主体在许多备选方案中选用某一备选方案时，总要把该方案说得很好、很重要，也就是说，这时该方案的效用为最大。在系统评价中，"效用"的大小意味着选择顺序的先后，通过效用的比较确定各备选方案的相对顺序。由于效用既没有标准也不是数量，难以实现评价对象之间的比较，因此，需要具有与效用选择顺序相同的数量函数，这种函数被称为效用函数。

效用理论就是用数学方法描述效用与效用函数关系的理论。效用理论是以评价主体的价值观为基础建立起来的数学理论，作为系统评价的基础理论之一，其重点是如何选择满足实际需要的效用指标。

2. 确定性理论

确定性理论采用统计的方法使评价指标数量化。在人的心理感觉方面，定性指标没有客观的标准，所以量化的数值具有较强的随意性，这与自然科学和工程学方面的指标有很大的不同。

当系统评价中涉及定性指标的量化问题时，必须深入了解评价的目的，设立假定或构造概念模型，收集大量的相关数据和资料。在此基础上，以统计方法确认假定的合理性，并确定定性指标的数量界限。大部分的专家评分法都运用了确定性理论。

3. 不确定性理论

对于存在不确定因素的评价对象，为了提高评价结果的可靠性，需要估计各种状态发生的概率，通过计算期望值将其转化为确定性问题。即使在缺乏数据的情况下，也可凭借专家的经验和直观判断，以及同类情况以往发生的概率，对事件发生的可能性做出定量估计。这种估计称为主观概率。随着主观概率信息的增加，可以逐步接近于客观概率。

4. 模糊集合理论

在系统评价过程中，除了某些事件的发生具有不确定性外，人的认识还存在着固有的模糊性，即非精确性。

5. 最优化理论

系统评价的目的是在备选方案中确定最优方案，至少是最满意方案。因此，必然需要最优化理论。此外，评价对象的数学模型本身也可能成为评价方法。数学规划本身具有普遍性和严密性，得到的评价结果也是比较客观的。典型的数学规划方法有线性规划、整数规划、非线性规划、动态规划、多目标规划等。

（二）系统评价的特性

系统评价是人们对系统的效用做出判断的过程。系统效用是客观存在的，即系统的功能满足外部环境客观要求的程度。系统的效用可分为客观效用和主观效用两类。系统的客观效用是系统状态和外部环境的函数，是客观存在的，但通常难以准确计量。系统的主观效用指系统的功能满足外部某个特定的个人或人群主观愿望的程度。显然，系统的客观效用和主观效用是不同的。系统的客观效用是客观存在的，而主观效用是特定人群对系统客观效用存在的主观反映，不同人群的主观效用是不同的。而且，系统的客观效用是对系统外部环境的全部目的而言的，而主观效用是针对某些人特定的目的而言的，目的不同，同一人群的主观效用也会不同。因此，系统评价具有如下特性。

1. 近似性

产生近似性的原因是事物客观效用是客观存在的，而评价得到的结果是评价者的主观效用；其次评价者只是社会的某一部分，由于认识的局限性，他们的主观欲望与整个社会的要求之间不可避免地存在差异。用评价者主观欲望来代替客观效用必然是一种近似。

改进近似性应注意两个方面。首先，可采用增加评价者的数量，一般应超过 30 人，即有足够的数量以反映社会代表性；其次，提高评价者的素质，要求评价者具有渊博的知识，对被评价系统有较深的了解。对于评价的具体问题，参加的专家要涵盖问题所涉及的领域，不同类型的专家比例与问题的主要方面应该是正相关的。

2. 模糊性

产生模糊性的原因是任何系统都是比较复杂的，存在多属性、多变量，而评价时为了实用、可行，往往只能用有限个属性来表示事物的功能，用有限个变量来表示事物的属性，首先，这只抓住了事物的本质的主要方面而不是全部；其次，许多属性难以用一个或几个变量来描述，在评价时，不得不借助专家的定性评价。因此评价结果肯定不是精确的。

改进模糊性应注意两个方面。首先，在实用可行的基础上，评价指标尽可能包含系统的各种属性，指标要细化，并进行定量分析。其次，对某一指标不得不用打分方法评价时，要邀请内行专家，且条目要分得尽量详细，即有针对性。

3. 相对性

产生相对性的原因是最终的评价值是将各个属性加以综合得到的，而综合过程中是将各个属性按一定的权重进行并合。这些并合原则及权重是评价者决定的。此外，随着社会观念不断变迁，现在科学的权重将来会变得未必合理。所以，评价值只能是事物绝对效用的相对值。

改进相对性应注意两个方面。首先，参与评价人员对指标体系有一个好的理解，对并合原则的选择要尽可能符合物理概念。其次，随着时间的变化，应对所评价的问题进行重新评价。

（三）系统评价的分类

按照不同的标准，系统评价可以分为不同的类别。

1. 按照被评价对象的性质分类

按照被评价对象的性质不同，系统评价可分为目标评价、规划评价、设计评价和使用效果评价。

（1）目标评价

当系统的目标确定以后，需要对其进行评价，以确定系统目标的合理性、科学性和可实现性等。

（2）规划评价

在着手设计系统之前，对系统进行比较全面的分析，并制订出切实可行的系统开发计划。系统规划是系统工程过程中的一个必要阶段，对系统效用具有决定性的影响，因此，对系统规划进行评价是非常有必要的。

（3）设计评价

系统设计是系统工程的核心问题，对系统目标的实现具有重要影响，因为系统的性能在很大程度上都取决于系统的设计。

（4）运行评价

系统在经过规划、设计和开发后，进入运行阶段。经过一段时间的使用后，需要对系统的效用进行评价，以明确系统是否实现了预期的效用、是否达到了目标要求。

2. 按评价的时间顺序分类

（1）事前评价

这是在是否要开发一个系统，进行系统规划研究时进行的评价。由于没有系统的实物，一般只能采用预测和仿真的方法来进行评价。如规划评价就属于事前评价。

（2）中间评价

这是在系统计划实施中期进行的评价。

（3）事后评价

这是在一个系统完成后，评价是否达到了预期的目标。这时已经有了大量的实际数据，可以进行定量的和更为细致的评价。

（4）跟踪评价

这是在系统的整个运行过程中，分阶段持续进行的评价，以考察系统在不同时期运行性能的稳定性和进行更新改造的必要性。

3. 按照评价的内容分类

（1）技术评价

这是围绕系统功能进行的评价，通常包括对技术的先进性、适用性、可靠性和维护性等性能的评价，用于评定系统方案能否实现所需要的功能及实现的程度。

（2）经济评价

这是围绕系统的经济效益进行的评价，是在考虑时间价值的基础上对评价对象的成本和效益进行计算，分析系统的经济可行性，包括财务评价和国民经济评价。

（3）社会评价

这是围绕系统给社会带来的利益或负面影响进行的评价，主要包括就业、环境、安全等。

4. 按照评价指标的数量分类

（1）单指标评价

这是仅利用一个指标对系统进行的评价，在实践中很少应用。

（2）多指标评价

这是利用多个指标从不同角度、不同层次对系统进行的评价，指标之间的关系通常是并列的，体现系统在某个方面的优劣。

（四）系统评价的步骤

完整的系统评价包括评价对象分析、评价资料收集、评价指标体系设计与量化，评价方法选择与计算、评价结论与分析五个阶段。

1. 对象分析

评价对象分析是确定评价目的、评价范围、评价立场、评价时期和评价环境的过程。

评价是为决策服务的，决策的性质不同，评价的目的和侧重点也有所不同。如果评价的目的是使系统结构或技术参数达到最优，则侧重对各种备选方案进行定量化评价。如果评价的目的是了解对象的性质及其发展趋势，则需要重点对评价对象的特性类别和等级进行评价。

评价范围是指评价对象涉及的范围，如评价对象涉及哪些领域、哪些部门等。评价范围对评价工作量和评价结论的可信度有重要影响，评价的范围过小，会因忽略了重要部门而使得评价有失系统性；评价范围过大，会使评价问题过分复杂化，增加评价的工作量。

在进行系统评价中必须明确评价主体的立场，即明确评价主体是系统使用者还是开发者抑或第三者等，这对于评价指标和评价方法的选择有直接的影响。如果要进行综合评价，则需要选择上述的一些主要评价指标，构成一个综合评价的指标体系。

评价时期是指评价处于系统开发全过程的具体时期，对象所处的时期不同，评价的侧重点会有所不同。

评价环境分析是指对被评价对象之外的各种影响因素进行分析，了解这些因素对评价对象的影响。环境影响因素可分为技术影响、经济与管理影响和社会影响三大类。

2. 资料收集

实际调查，选择合适的专家，为设定评价指标与计量标准、建立评价函数等提供所需要的定性、定量资料。在系统评价过程中，专家在资料收集、指标及其权重确定等方面具有重要作用。因此，在保证专家数量的同时，要注意专家的业务素质和知识构成的合理性。

3. 指标设计

这是系统评价最重要的一个环节，所选择的指标要与评价目的密切相关，并构成一个完整的体系，以便全面反映评价对象的不同特性。在构成指标体系的基础上，评价指标的数量应尽可能少，以减轻评价的负担，并突出重要指标的作用。

此外，在指标体系的设计过程中，还要确定指标的计量方法和规范化方法，以消除定性指标的不确定性以及不同指标取值范围和计量单位的差异。

4. 方法选择

评价方法的选择是指确定评价数学模型的过程。为了实现多指标的综合评价，定量化的数学模型是不可缺少的工具。不同的评价对象使用的评价方法可能不同，同一个评价对象也可以使用不同的评价方法。因此，对选用什么样的评价函数本身也必须做出评价。

评价方法本身对评价标准具有显著影响。因此，当评价目的在于形成统一意见或进行群体决策时，应该进行深入研究，确保评价方法的有效性。系统评价常用的方法包括费用——效益分析法、关联矩阵评价法、层次分析法、模糊综合评判法以及聚类分析法等。

当评价方法确定后，还需要确定各指标的合理权重，以实现全面合理的综合评价。

5. 结论分析

按照既定的评价指标体系，在指标的定量化和规范化基础上，运用选定的评价方法，可以计算出各备选方案的综合评价值，并实现方案相对优劣的排序。但是，由于评价指标和评价模型不可能全面准确地体现评价对象的所有属性，因此需要从技术、经济、社会、环境等方面对评价结论进行必要的分析说明，以便提供正确的决策依据。

（五）系统评价指标体系

1. 建立评价指标体系的原则

要对系统进行综合评价，必须建立包括多个指标的评价指标体系。系统评价指标体系的建立要遵循以下原则。

（1）系统性原则

系统性原则是指指标体系应能全面地反映被评价对象的综合情况，从中抓住主要因素，使评价指标既能反映系统的直接效果，又能反映系统的间接效果，以保证综合评价的全面性和可信度。

（2）可测性原则

可测性原则是指评价指标的含义明确，数据资料收集方便，计算简单，易于掌握。

（3）层次性原则

层次性原则是指评价指标体系要有层次性，这样才能为衡量系统方案的效果和确定评价指标的权重提供方便。

（4）简易性原则

简易性原则是指评价指标体系的制定，要言简意明，避免烦琐，避免指标中出现显见的包含关系，对隐含的相关关系，要在模型中通过适当的方法加以消除。

（5）可比性原则

可比性原则是指所选择的指标在各备选方案中要有统一的定义和计量标准，指标之间要保持同趋势化，以保证可比性。

（6）定性指标与定量指标相结合的原则

交通系统的综合评价，既包括技术、经济指标，又包括社会、环境指标，前者比较易于用定量指标来度量，但后者却很难用定量化的指标衡量，如安全、舒适、便利、环保等。要使得评价结果更具有客观性，就必须坚持定量指标与定性指标相结合的原则，以弥补单纯定量评价的不足以及数据本身存在的某些缺陷。

（7）绝对指标与相对指标相结合原则

绝对指标反映的是评价对象的规模和总量，相对指标反映的是评价对象在某些方面的强度或性能，两者结合起来使用，才能够全面地描述交通系统的特性。

2. 评价指标体系的基本结构

评价指标体系的结构分为三种类型：一元的、线性的和塔式的。

（1）一元结构

一元结构，即单指标，如经济指标、综合指标和关键指标等。经济指标常用于效益费用评价。综合指标即通过综合评价的方法获得的指标，以反映方案的优劣程度，通常没有具体的量纲和含义。关键指标，是评估公交系统服务水平的关键指标。一元指标决策最为简单。

（2）线性结构

线性结构是指一系列指标的平行或顺序关系。它通常不超过七个主要指标。如有人选择平均速度、延滞、乘客占有空间、加速度变化率、通风度、温度及噪声等几项指标作为评价公交系统服务质量的标准；有人选择旅行班次、服务可靠性、服务直接性、乘客舒适性等几项指标；也有人采用可达性、行程时间比、准点率和乘客密度等几项指标；还有人选择拥挤密度、等车时间、行驶速度、平均载客里程这几项指标进行评价。线性结构指标体系常通过直接加权进行评价。

（3）塔式结构

由于分析因素增加时，线性结构中各指标间的关系难以把握，因此出现了用于决策分析的塔式结构层次指标体系。过于复杂和多变的结构关系不利于决策分析，一般采用树状的关系结构，如层次分析法。

3. 建立评价指标体系的方法、步骤

评价指标体系的建立，首先要有明确的目的，不同的评价目的，构建指标体系的思路和方法有所差异。

如果评价的目的是控制评价对象，使其处于最优的运行轨迹，如过程评价、组织评价、市场秩序评价等，则可从投入量、产出量、系统内部结构与内部状态以及环境反映等方面构建评价指标体系。

如果评价的目的是选优，则可采用系统分析的思路，对评价对象进行综合分析，按照目标分解或社会价值观分解等不同角度构造评价指标体系。

对于大型系统的评价，所涉及的指标众多，指标之间的关系也比较复杂，为了制定出全面、简洁、实用、可靠的评价指标体系，需要通过若干次专家咨询才能完成。

二、系统评价方法

（一）费用-效益评价方法

不同方案的经济比较常用的有现值比较法、年值比较法。现值法是将项目方案不同时期的资金都换算成现值，然后进行比较。年值法是将方案不同时期的资金换算成现值后再换算成年值，然后进行比较。当各方案使用期相同时，采用现值法方便，当各方案使用期不同时，采用年值法更方便。

当费用和效益指标都可以用货币或其他某个单位度量时，费用效益分析的过程比较简单，常用的评价方法有以下几种。

1. 以效益为基准的评价方法

即在一定的费用条件下，效益大的备选方案其价值高。这种方法适用于所能支付的费用有限时备选方案的选择。其中的费用和效益既可以是总计值，也可以是年均值。

2. 以费用为基准的评价方法

即在效益一定的条件下，费用小的备选方案价值高。

在达到事先给定的收益目标的条件下，应选取费用最小的备选方案。其中的费用和效益既可以是总计值，也可以是年均值。

3. 以净效益为基准的评价方法

净效益是效益减去费用后的余额，这种评价方法认为净效益大的备选方案价值高。其中的费用和效益通常是总计值。这种评价方法适用于费用没有限制的情况。在实际使用中，可以按照货币时间价值计算形式的不同，采用现值计算或年值计算。

4. 以效益率为基准的评价方法

效益率是效益与费用的比值，是单位费用产生的效益。该方法认为效益率大的备选方案价值高。其中费用和效益通常是总计值。这种评价方法适用于费用没有限制、强调资金利用效率的情况。与净效益为基准的评价方法类似，可以按照货币时间价值计算形式的不同，采用现值计算或年值计算。

5. 以追加效益率为基准的评价方法

当某些效益或费用指标不能转换为货币形式时，备选方案的价值通常以追加效益与追加费用为基础进行评价，以消除无法用货币计量的费用与效益的影响。所谓追加效益，是指相互比较的两个备选方案效益的差额；追加费用是指相互比较的两个备选方案成本的差额。其中的费用和效益既可以是总计值，也可以是年均值。在计算出追加费用和追加效益后，可以运用上述净效益和效益率的概念，计算追加费用所产生的净效益和单位追加成本产生的追加效益，并根据计算结果判定备选方案的优劣。

随着经济的发展和社会的进步，仅仅从经济观点考虑效益已不能满足评价的需要。因此，在综合考虑社会效果的基础上，提出了有效度和费用。有效度分析的概念，系统所产生的效用不一定都能用货币计量，将用非货币的数量单位表示的效用称为有效度。有效度是一个综合的概念，其计量单位因评价的对象不同而异。费用-有效度分析的基本过程与费用-效益分析相同，只是采用定量化的效用指标代替其中的效益指标。此外，费用-有效度分析中，一般仅对费用指标进行时间价值的计算，而不考虑时间对效用指标的影响。

（二）关联矩阵评价法

关联矩阵法是一种常用的综合评价方法，在关联矩阵评价法中，当指标一定时，指标的权重对评价结果有重要影响，因此，合理确定指标的权重是非常重要的。指标权重通常采用评分的方法确定，常用的评分法包括直接评分法、两两对比法和德尔菲法等。

1. 指标权重的直接评分法

这是一种利用专家经验和感觉进行评分的方法。由若干专家对评价指标体系进行分析，并根据其重要程度进行评分。把专家对某指标的评分全部相加起来，或去掉最高分和最低分，求其平均值，即为该指标的绝对权重。将各指标的绝对权重与所有指标绝对权重的平均值相比，即进行归一化处理，所得结果就是该指标的相对权重，简称为权重。这种方法的优点是简单易行，缺点是主观性很大，且系统功能分类复杂时不易进行。

2. 指标权重的两两对比法

两两对比法也称为逐对比较法，是多指标综合评价的常用加权方法，这种方法首先将所有的评价指标任意排序，然后将任意两个指标进行比较，按照规定的评分准则分别为相对重要的指标和相对不重要的指标评分，汇总各指标的得分。为了避免出现总分为零的情况，需要在各指标的总分上再加 1 分，之后计算其占所有得分的比重，经过归一化计算，得到其相应的权值。如果有多个专家参加评分，则先要按专家人数计算各指标得分的平均值，再按照上述过程计算各指标的相对权值。

（三）层析分析法

层次分析法最初应用在服务领域中，是一种定性分析与定量计算相结合的多目标决策分析方法，具有可信、灵活而实用的特点。

1. 层次分析法的基本原理

层次分析法是一种定性与定量相结合的、系统化的、层次化的分析方法。它通过建立层次结构模型，将待解决的问题进行分解，构造成对比较矩阵，分别计算出层次单排序以及层次总排序，最后给出可行的解决方案。

层次分析法的基本思想是：先按问题的要求建立起一个描述系统功能或特征的系统递阶层次结构，给出判断标度，对每一层的系统要素进行两两比较，建立判断矩阵。通过判断矩阵特征向量的计算，得出该层要素对上一层要素的权重。在此基础上，计算出各层要素对于总体目标的综合权重，从而得出不同方案的综合评价值，为选择最优方案提供依据。

2. 层次分析法的基本步骤

（1）明确问题
明确问题的范围、具体要求、所包含的要素以及各要素相互之间的关系。

（2）建立层次结构
根据对问题的了解和初步分析，把问题中涉及的要素按性质分层排列，形成目标层次结构。

最上层是目标层，在这层中是决策所要实现的目标。若有多个目标，可以在下一层设立一个分目标层。中间一层是准则层，准则层中的内容是衡量达到目标的各项准则或指标。第三层是方案层，其中排列了各种可能采取的方案或措施。准则层与目标层之间，方案层与准则层之间的连线表示各层要素之间的相互联系。

（3）建立判断矩阵

建立层次结构后，就可以逐层按上一层次某一准则将该层要素进行两两比较。

（4）层次单排序及其一致性检验

层次单排序是根据判断矩阵计算本层次与上层次某要素相对重要性的权重。一致性检验是计算判断矩阵力的特征根和特征向量。

3. 层次分析法特点

层次分析法的特点是分析思路清晰，可将分析人员的思维过程系统化、数学化、模型化，特别适用于多因素、多层次、多方案的系统综合评价和决策，尤其是对于兼有定性因素和定量因素的系统问题，能较简便地进行综合评价和最佳方案决策。层次分析法作为一种有效的评价方法在交通运输系统分析中有广泛的应用。但层次分析法也有明显的不足，主要表现在以下几个方面：

第一：层次分析法的应用是针对方案大抵确定的决策问题，一般来说它只能从已知方案中选优，而不能生成方案。在进行交通系统分析时，若采用层次分析法，需要事先对各种方案有比较明确的规定。

第二：层次分析法得出的结果是粗略的方案排序，对于有较高定量要求的决策问题，单纯运用层次分析法是不合适的。

第三：在层次分析法的使用过程中，无论是建立层次结构还是构造判断矩阵，人的主观判断、选择、偏好对结果的影响都较大。

因此，在进行复杂系统的综合评价时，常将层次分析法与其他数学方法结合使用，以期在发挥层次分析法优势的同时尽量提高系统评价的精度。

（四）聚类分析法

1. 聚类分析法的基本思想

聚类分析又称群分析、点群分析，是定量研究样品或指标分类问题的一种多元统计方法。聚类是指将物理或抽象对象的集合分组成为由类似的对象组成的多个类的过程，其中的"类"是指相似元素组成的集合。聚类与分类的区别在于，分类是在已知分类数目的条件下，对样本集合进行的分割；聚类是在分类数目未知的条件下，对样本集合进行的分割。在通常情况下，所研究的样品或指标之间存在着程度不同的相似性，聚类分析认为，可以根据一批样品的多个观测指标，构造一些能够度量样品或指标之间相似程度的统计量。通过计算这样的统计量，把某些相似程度较大的样品聚合为一类，把另外一些彼此之间相似程度较大的样品又聚合为另一类，把关系密切的样品聚合到一个小的分类单位，把关系疏远的样品聚合到一个大的分类单位，直到把所有的样品聚合完毕，这就是聚类分析的基本思想。

聚类分析进行分类的依据是样品或指标之间的距离或相似系数，常用的距离包括明考夫斯基距离、绝对距离、欧氏距离、切比雪夫距离、马氏距离以及兰氏距离等，常用的相似系数有夹角余弦和相关系数等。

根据所用方法不同，聚类分析可分为系统聚类法、有序样品聚类法、动态聚类法、模糊聚类法等等，其中的系统聚类法最为广泛。

2. 系统聚类分析法

系统聚类法的关键是计算类与类之间的距离，正如样品之间的距离可以有不同的定义方法一样，类与类之间的距离也有不同的定义，因此产生了不同的系统聚类方法。系统聚类方法包括最短距离法、最长距离法、中间距离法、重心法、类平均法、可变类平均法、可变法等，但这些方法聚类的步骤是完全一样的。当采用欧氏距离时，这些聚类方法可归结为统一的递推公式。

（五）模糊综合评判法

模糊综合评价是借助模糊数学的一些概念，对实际的综合评价问题提供评价的方法。

模糊综合评价就是以模糊数学为基础，应用模糊关系合成的原理，将一些边界不清、不易定量的因素定量化，从多个因素对被评价事物隶属等级状况进行综合性评价的一种方法。模糊综合评判根据所给的条件，对评判对象全体中的每个对象赋予一个非负实数—评判指标，再据此排序择优。模糊综合评判主要分为两步：第一步先按每个因素单独评判；第二步再按所有因素综合评判。其优点是数学模型简单，容易掌握，对多因素、多层次的复杂问题评判效果比较好。这种模型应用广泛，在许多方面，采用模糊综合评判的实用模型取得了很好的经济效益和社会效益。在进行交通系统评价时，常常将层次分析法与模糊综合评判联合使用。对于某一个特定的对象，可以先利用层次分析法对其进行层次划分。将被评判对象分成若干个组成因素，再根据各个因素划分出需要评判的若干指标，根据各个指标重要程度的不同，需要确定各个指标的权重，然后对指标进行模糊综合评判。其中，权重的确定，对评价结果的客观性及合理性有重要影响。

三、决策分析方法

在道路与交通工程的规划、设计、施工中，普遍存在选择方案问题，即决策问题。决策问题就是为了实现系统的预期目标，从多个备选方案中，选择一个最优的或最满意的方案付诸实施。决策是系统工程的一个逻辑步骤，对决策技术的研究是系统分析中的一项重要课题。

（一）决策分析方法概述

"决策"就是作出决定，即为了达到一定的目标，按照一定的价值准则，对应该采取的行动方案作出最好的选择。

决策包含了这样一个过程：从明确要解决的问题出发，经过积极的思考、认真的调查研究，分析客观情况和主观目标要求，制订多个可行方案，选定最佳或最满意的行动方案，并加以贯彻实施。决策的本质是一个优化过程，是一个反复分析、比较并作出选择的过程，不是一次认识、一次分析、一次判断就可以完成的，实际中的决策往往是一个多次循环的过程。

实际生活和生产中，凡是对于同一问题面临几种情况，而又有多种方案可供选择时，就形成了一个决策。面临的情况，称为自然状态或状态。在决策中，参加比较的方案称为策略，也称为行动方案。

1. 决策问题的分类

决策问题一般由以下因素构成。

（1）决策主体或决策者

决策主体或决策者可以是个人，也可以是一个集体，如董事会、委员会等。决策的正确与否受决策者所处的社会、政治、经济环境及决策者个人素质的影响。

（2）决策目标

决策目标是决策者希望达到的成果。

（3）方案

方案即决策者根据决策要求可能采取的一系列活动或措施。一个决策问题中方案数应多于一个。

（4）结果

结果是方案实施后产生的效果。在确定的情况下，一个方案只有一个结果；在不确定的情况下，一个方案有多个可能的结果。

（5）决策准则

决策准则是评价与选择方案的价值依据。决策准则不仅由决策目标决定，而且受决策者的价值观影响。

2. 决策问题的分类

决策问题可以从不同的角度、按照不同的标准进行分类。

（1）按照决策的结构分类

按照决策的结构，可将决策分为程序化决策和非程序化决策。

①程序化决策是指目标明确，具备可供选择的方案，用一般程序化的方法就可以找到最优方案的决策。这类决策可以建立固定的模式，有一套通用的决策方法，一般是可重复的，是有章可循的决策。

②非程序化决策是指复杂的、用一般程序化方法无法解决的决策问题。这种决策是一种非例行决策，受许多因素的影响，没有规律可循，不可能建立一套通用的决策模式。这类决策一般是一次性的，只能依靠决策者的知识、经验和判断力，如新技术开发等方面的决策。

（2）按照决策的可靠度分类

按照决策的可靠度，决策可分为确定型决策、风险型决策和不确定型决策三种。

确定型决策具备的条件：

①存在决策者希望达到的一个明确目标。

②存在一种确定的自然状态。

③存在供决策者选择的两个以上的方案。

④不同方案在确定状态下的益损值可以计算。

风险型决策具备的条件：

①存在决策者希望达到的一个明确的目标。

②存在两种或两种以上的自然状态。

③存在供决策者选择的两个以上的方案。

④不同方案在确定状态下的益损值可以计算。

不确定型决策：不确定型决策不同于以上两种决策。确定型决策实际上是知道有某种自然状态，而且这种自然状态一定会发生。而不确定型决策所面临的情况是：知道有多种可能的自然状态，但既不知多种状态中会发生哪一种情况，也不知道每种状态发生的概率有多大。不确定型决策问题满足风险型决策的前几个条件。

（3）按照决策目标的数量分类

按照决策目标的数量，决策可以分为单目标决策和多目标决策。

①单目标决策问题仅有一个决策目标，如决策目标是提高经济效益。

②多目标决策问题存在多个决策目标，如决策目标是既要提高经济效益，又要降低成本。

3. 决策过程

决策过程一般包括准备、计划、选择和实施控制四个阶段。

准备阶段主要包括明确决策问题、收集和处理相关信息，即明确决策问题的性质、背景、特征、条件，收集与决策问题相关的政治、经济、社会、技术等方面的信息资料，并按照一定的要求将收集到的信息进行分析、加工和处理。

计划阶段在对所掌握的信息进行分析研究的基础上，确定预测目标，并对影响预测结果的重要因素进行预测。在此基础上提出可行方案，并对方案进行研究和论证。

选择阶段计算出不同方案在不同自然状态下的益损值，即对各种可行方案进行分析评价。在此基础上，按照一定的价值准则选择满意的方案。

当前的决策是基于对事物过去、现在的认识和对将来的预测的，但在决策方案实施过程中，常会出现偏差或出现未预料的新情况。因此，决策方案不是一成不变的，需要在实施过程中根据实际情况对其进行不断调整和补充。

上述的决策过程是一个有机的整体，既相对独立，又互相联系、互相交叉、互相渗透。如在拟订可行方案时，可能发现原定目标不恰当而要加以修改；在选择阶段，可能发现某些方案需要进行一些改动，甚至可能发现新方案；而在方案的实施过程中，更要求将实施结果与预测结果加以对比，观察实施结果与预测结果是否有差异以及差异的程度，从而对决策方案进行修正。决策方法研究的重点在选择阶段，即对已经拟订的可行方案进行分析、比较、评价和选择。

（二）确定型问题的决策分析

在确定型决策问题中，有两个以上供决策者选择的可行方案，同时自然状态是确定的，不含有随机的因素。由于每一个方案都有一个确定的结果，因此只要直接比较各方案的益损值就可以判别方案的优劣，从而完成决策。

参 考 文 献

［1］马书红，王元庆，戴学臻. 交通运输经济与决策［M］. 北京：人民交通出版社. 2019. 02.

［2］王振军. 交通运输系统工程第2版［M］. 南京：东南大学出版社. 2017. 09.

［3］蒋惠园. 交通运输经济学［M］. 武汉：武汉理工大学出版社. 2009. 11.

［4］肖序，王芸. 交通运输企业成本会计学［M］. 上海：立信会计出版社. 2016. 04.

［5］李艳华. 航空运输经济理论与实践［M］. 北京：中国民航出版社. 2017. 04.

［6］王振军. 交通运输系统工程［M］. 南京：东南大学出版社. 2008. 10.

［7］汪瑜，贺镜帆，王雪. 民航运输航线网络规划［M］. 成都：西南交通大学出版社. 2020. 06.

［8］崔书堂. 交通运输信息管理［M］. 南京：东南大学出版社. 2008. 02.

［9］师斌，霍娅敏. 交通运输经济［M］. 成都：西南交通大学出版社. 2007. 02.

［10］郭廷结，苑广增，谭小平. 交通运输领域重大科技决策［M］. 北京：人民交通出版社. 1992. 12.

［11］刘露. 物流运输与包装第2版［M］. 合肥：合肥工业大学出版社. 2021. 09.

［12］朱艳茹. 交通运输企业管理［M］. 南京：东南大学出版社. 2008. 02.

［13］栾维新，王辉，片峰. 中国港航交通运输系统经济研究"十三五"国家重点出版物出版规划项目［M］. 大连：大连海事大学出版社. 2019. 02.

［14］苏巧玲，郭仪编. 运输与配送管理［M］. 武汉：华中科技大学出版社. 2020. 06.

［15］张华歆. 预测与决策理论及应用［M］. 上海：上海交通大学出版社. 2014. 06.

［16］陈佩虹. 城市交通规划制度研究［M］. 北京：中国铁道出版社. 2018. 12.

［17］蔡庆麟，刘艳琴，王玉兴. 运输经济与管理决策［M］. 北京：人民交通出版社. 1998. 05.

［18］张国伍. 交通运输系统分析［M］. 成都：西南交通大学出版社. 1991. 12.

［19］郭瑞军. 交通运输系统工程［M］. 北京：国防工业出版社. 2008. 08.

［20］徐丽群. 公共交通服务 ［M］. 上海：上海交通大学出版社. 2019. 12.

［21］高利. 智能运输系统 ［M］. 北京：北京理工大学出版社. 2016. 03.

［22］肖玲玲. 城市居民交通出行行为建模与经济分析 ［M］. 北京：北京交通大学出版社. 2021. 09.

［23］刘舒燕. 交通运输系统工程 ［M］. 北京：人民交通出版社. 1998. 07.

［24］季令. 走向市场经济的交通运输 ［M］. 北京：中国铁道出版社. 1998. 05.

［25］张明. 项目评估与投资决策 ［M］. 北京：中国商业出版社. 1990. 03.

［26］赵锡铎. 运输经济学 ［M］. 大连：大连海事大学出版社. 2006. 08.

［27］韩景丰. 运输与运输管理 ［M］. 重庆：重庆大学出版社. 2006. 02.

［28］李红启，高洪涛. 甩挂运输操作技术与方法 ［M］. 北京：中国物资出版社. 2012. 03.

［29］杨东援. 交通规划决策支持系统 ［M］. 上海：同济大学出版社. 1997. 05.

［30］倪桂明. 面向未来的城市交通系列丛书从工程走向服务城市轨道交通发展的反思与创新 ［M］. 上海：同济大学出版社. 2017. 06.

［31］陈鸣永. 交通运输企业经营管理 ［M］. 北京：人民交通出版社. 1989. 06.